ECONOMIA EM *uma* ÚNICA LIÇÃO

HENRY **HAZLITT**

ECONOMIA EM *uma* ÚNICA LIÇÃO

Apresentação à 5ª edição brasileira por
Ubiratan Jorge Iorio

Tradução de
Leônidas Gontijo de Carvalho

São Paulo | 2020

Impresso no Brasil, 2020
Título original: Economics in One Lesson
Copyright © 1946 by Harper & Brothers © 1962 & 1979 by Henry Hazlitt © 1988 by Randon House

Os direitos desta edição pertencem àLVM Editora
Rua Leopoldo Couto de Magalhães Júnior, 1098, Cj. 46
04.542-001 • São Paulo, SP, Brasil
Telefax: 55 (11) 3704-3782
contato@lvmeditora.com.br • www.lvmeditora.com.br

Editor responsável | Alex Catharino
Editor assistente | Pedro Henrique Alves
Tradução | Leônidas Gontijo de Carvalho
Copidesque | Aline Canejo & João Sette Câmara / BR 75
Revisão ortográfica e gramatical | Karleno Bocarro & Márcio Scansani / Armada
Revisão técnica | Alex Catharino
Preparação de texto | Pedro Henrique Alves
Revisão final e elaboração de índice | Márcio Scansani / Armada
Projeto gráfico | Luiza Aché / BR 75
Diagramação e editoração | Laura Arbex / BR 75
Produção editorial | Alex Catharino & Silvia Rebello
Pré-impressão e impressão | Rettec

Dados Internacionais de Catalogação na Publicação (CIP)
Angélica Ilacqua CRB-8/7057

H431e	Hazlitt, Henry
	Economia em uma única lição / Henry Hazlitt ; apresentação de Ubiratan Jorge Iorio ; tradução de Leônidas Gontijo de Carvalho. -- 5. ed. rev. ampl. -- São Paulo : LVM Editora, 2020. 288 p.
	Bibliografia
	ISBN: 978-65-86029-14-7
	Título original: Economics in One Lesson
	1. Ciências sociais 2. Economia 3. Capitalismo 4. Liberdade 5. Mercado 6. Estado 7. Intervencionismo I. Título II. Iorio, Ubiratan Jorge III. Carvalho, Leônidas Gontijo de
20-2743	CDD 300

Índices para catálogo sistemático:
1. Ciências sociais 300

Reservados todos os direitos desta obra. Proibida toda e qualquer reprodução integral desta edição por qualquer meio ou forma, seja eletrônica ou mecânica, fotocópia, gravação ou qualquer outro meio de reprodução sem permissão expressa do editor. A reprodução parcial é permitida, desde que citada a fonte.

Esta editora empenhou-se em contatar os responsáveis pelos direitos autorais de todas as imagens e de outros materiais utilizados neste livro. Se porventura for constatada a omissão involuntária na identificação de algum deles, dispomo-nos a efetuar, futuramente, os possíveis acertos.

Sumário

07 **Apresentação à 5ª Edição Brasileira**
Ubiratan Jorge Iorio

17 Prefácio do autor à edição de 1979

19 Prefácio à primeira edição de 1946

25 **Parte I**
A Lição

27 Capítulo 1 | A Lição

33 **Parte II**
A Lição Aplicada

35 Capítulo 2 | A Vitrine Quebrada

37 Capítulo 3 | As Bênçãos da Destruição

45 Capítulo 4 | Obras Públicas Significam Impostos

53 Capítulo 5 | Os Impostos Desencorajam a Produção

57 Capítulo 6 | O Crédito Desvia a Produção

69 Capítulo 7 | A Maldição da Maquinaria

85 Capítulo 8 | Esquemas de Difusão do Trabalho

93	Capítulo 9 | A Dispersão de Tropas e de Burocratas
97	Capítulo 10 | O Fetiche do Pleno Emprego
101	Capítulo 11 | Quem é "Protegido" pelas Tarifas?
115	Capítulo 12| A Pulsão de Exportar
123	Capítulo 13 | A "Paridade" de Preços
133	Capítulo 14 | A Salvação da Indústria X
139	Capítulo 15 | Como Funciona o Sistema de Preços
147	Capítulo 16 | A "Estabilização" das Mercadorias
157	Capítulo 17 | Tabelamento de Preços pelo Governo
169	Capítulo 18 | O que faz o Controle de Aluguéis
177	Capítulo 19 | Leis do Salário Mínimo
185	Capítulo 20 | Os Sindicatos Realmente Elevam os Salários?
201	Capítulo 21 | "O Suficiente para Readquirir o Produto"
211	Capítulo 22 | A Função dos Lucros
217	Capítulo 23 | A Miragem da Inflação
233	Capítulo 24 | O Assalto à Poupança
249	Capítulo 25 | Repete-se a Lição
261	**Parte III**
	A Lição Trinta Anos Depois
263	Capítulo 26 | A Lição Trinta Anos Depois
275	**Apêndice**
277	Uma Nota Sobre Livros
281	**Índice Remissivo e Onomástico**

Apresentação à 5ª Edição Brasileira

Ubiratan Jorge Iorio

Peço permissão para iniciar estas breves linhas – sem cerimônia e sem receio de cair no exagero –, "entrando de sola": este livro é fantástico! Se meu objetivo fosse exclusivamente induzir as pessoas a incluí-lo no carrinho, poderia completar escrevendo: *Para descobrir o porquê, compre!* Sim, obviamente, quero que você compre o livro, mas, muito provavelmente, você já o fez, tanto que está começando a lê-lo, mas acontece que meu propósito aqui é muito mais importante.

Quero chamar a atenção para a ênfase e o tratamento que Henry Hazilitt (1894-1993) dispensa, neste pequeno livro, a um fato frequentemente ignorado ou esquecido em inumeráveis discussões sobre economia, o de que os fenômenos econômicos precisam e devem ser sempre analisados segundo dois pontos de vista: o que considera apenas as consequências visíveis, de curto prazo, ou aquilo que se vê; e o que leva em conta não só os efeitos expostos a olho nu, mas também – e principalmente – focaliza o binóculo para descortinar o longo prazo, antecipando aquilo que for possível enxergar e prever.

Essa recomendação para cotejar aguçadamente *o que se vê* e *o que se deve prever*, que remonta a Fréderic Bastiat (1801-1850), é extremamente importante. E o objetivo de Hazilitt ao escrever essa obra foi precisamente o de mostrar, com simplicidade, concisão e coloquialidade na escrita, mas também com sagacidade, como seguir esse bom conselho, evitando cair em uma armadilha solerte de falácias, quase todas bem antigas, mas que têm, infelizmente, a capacidade de se regenerar e, assumir novas roupagens, para continuar a aliciar e induzir ao erro muitos analistas descuidados.

Assim começa o autor o seu prefácio à primeira edição, publicada em 1946:

> Este livro é uma análise de falácias sobre a economia hoje tão correntes que se tornaram quase uma nova ortodoxia. A única coisa que impediu que isto ocorresse foram suas próprias contradições, que dispersaram os que aceitam as mesmas premissas em uma centena de diferentes "escolas", pela simples razão de que é impossível, em assuntos referentes à vida prática, estar constantemente errado.

Enfatiza Hazlitt o perigo de se menosprezar as consequências secundárias e de longo prazo das ações econômicas, mostrando cuidadosamente como esse comportamento leva à aceitação de logros e lábias, as quais não sobrevivem nem mesmo as análises curtas, mas conduzidas com um mínimo de arguciosidade. A grande lição que toma emprestada de Bastiat e desenvolve com brilhantismo é que esse comportamento é revelador de boa parte da diferença entre a boa e a má economia: o economista mais apressado e superficial atém-se somente ao que está diante de seus olhos; já o bom economista olha também ao seu redor, para trás e, principalmente, para frente, para o futuro. O descuidado percebe somente as consequências diretas e imediatas de algum programa de política econômica proposto; o atencioso olha, também, as consequências indiretas e mais distantes; o primeiro preocupa-se somente com os efeitos de determinada medida sobre determinado grupo; o segundo investiga, além disso, todos os efeitos possíveis sobre todos os grupos.

Isso pode parecer trivial, mas não é. Ao longo do livro, que alberga 26 breves capítulos, Henry Hazlitt mostra magistralmente, unindo conceitos teóricos do método analítico da tradição da Escola Austríaca de Economia, desenvolvido e notabilizado por Ludwig von Mises (1881-1973), por Friedrich August von Hayek (1899-19920) e por outros gigantes dessa escola de pensamento econômico, orlados com exemplos extraídos da economia do mundo real, porque a distinção entre o que se imagina ao se formular uma política e o que acontece depois que a mesma é posta em uso não é tão elementar assim, Para usarmos a linguagem de Milton Friedman (1912-2006), ele mostra que há diferenças entre boas intenções e resultados e que elas costumam ser fatais quando baseadas em falácias.

Assim, o autor percorre alguns dos erros econômicos mais generalizados e que exercem influência negativa em nossas vidas, na medida em que são admitidos como verdades na formulação de políticas econômicas governamentais em todo o mundo.

Algumas dessas falácias, que têm contribuído para atazanar a vida de muitos milhões de indivíduos e de empresas ao redor do mundo, parecem ter a propriedade quase fatal de serem ao mesmo tempo tão velhas como Matusalém e tão novas quanto um recém-nascido. Por exemplo, a mesma sofreguidão com que Roberto Simonsen (1889-1948) defendia o protecionismo, em meados da década de 1940, no famoso debate com Eugênio Gudin (1886-1986), pode ser encontrada nos atuais "progressistas"; as mesmas falhas dos "desenvolvimentistas" da década de 1950 renovam-se na "Teoria Monetária Moderna" dos nossos dias, pois uns e outros acreditam que a inflação, além de não ser um problema sério, é uma "solução"; a mesma interferência dos sindicatos ao brandirem a bandeira da "proteção aos trabalhadores" do governo de João Goulart (1919-1976), no início da década de 1960, repetiu-se durante a república sindicalista do Partido dos Trabalhadores (PT); e a mesmíssima compulsão dos políticos para realizar obras públicas que rendem votos, observada na década de 1970 durante o governo do general Ernesto Geisel (1907-1996), retornou há poucos anos com força total, com a febre inacreditável de construções de estádios e infraestrutura desencadeadas pela Copa do Mundo de 2014 e as Olimpíadas do Rio de Janeiro, em 2016.

Economistas e políticos responsáveis pela formulação e imposição de políticas governamentais aparentemente benéficas, mas que se revelam extremamente maléficas pouco tempo depois, parecem jamais aprender com as lições de fracasso dos que os antecederam. Muito pelo contrário, quase todas as políticas baseadas em falácias tornaram-se mais profundamente enraizadas e difundidas em praticamente todos os países do mundo.

O próprio autor faz questão de enfatizar essa realidade desagradável, na edição de 1979, ou seja, escrita 33 anos depois da primeira:

> Fora isso, não houve modificações até agora. A principal razão para isso foi porque elas não foram consideradas necessárias. Meu livro foi escrito para dar ênfase aos princípios econômicos gerais e às penalidades por ignorá-los, e não aos danos causados por alguma lei específica. Embora meus exemplos sejam baseados principalmente na experiência norte-americana, o tipo de intervenções governamentais que eu abomino tem se tornado tão internacionalizado que, para muitos leitores estrangeiros, eu parecia estar descrevendo particularmente as políticas econômicas de seus próprios países.

A maioria das suposições enganosas relatadas por Henry Hazlitt tem servido de base, durante os mais de setenta anos decorridos da primeira edição, para que economistas de todos os inúmeros tons que compõem as paletas keynesiana e marxista municiem políticos de tendência social democrata. No Brasil, esse festival de intervencionismo vem escrevendo a partitura da política econômica há várias décadas, com resultados invariavelmente desastrosos.

Trata-se, como sugerimos anteriormente, de um livro atual e demonstrar isso exige apenas renovação dos exemplos originais. Infelizmente, os erros de política econômica baseados em hipóteses que costumam ser populares, mas que são baseadas em falácias, e os prejuízos dos fracassos subsequentes não têm servido para mostrar o que não deve ser feito.

Certamente, a leitura das páginas seguintes convencerá o leitor da veracidade desses argumentos.

Rio de Janeiro
27 de julho de 2020

ECONOMIA EM *uma* ÚNICA LIÇÃO

"Educar é desensinar com o propósito
de superar preconceitos e intolerância".
Frank H. Knight

"Quando se trata de liberdade, o conservador deveria
ou calar ou encontrar algo de útil para dizer.
Eu penso que há algo de útil a ser dito, e é o que está aqui".
George J. Stigler

Prefácio do Autor à Edição de 1979

A primeira edição deste livro foi publicada em 1946. Foram feitas oito traduções, e houve várias edições em brochura. Em uma edição em brochura de 1961, foi introduzido um novo capítulo sobre controle de aluguéis, que não havia sido especificamente considerado na primeira edição separadamente do tabelamento de preços pelo governo em geral. Foram atualizadas algumas estatísticas e referências ilustrativas.

    Fora isso, não houve modificações até agora. A principal razão para isso foi porque elas não foram consideradas necessárias. Meu livro foi escrito para dar ênfase aos princípios econômicos gerais e às penalidades por ignorá-los, e não aos danos causados por alguma lei específica. Embora meus exemplos sejam baseados principalmente na experiência norte-americana, o tipo de intervenções governamentais que eu abomino tem se tornado tão internacionalizado que, para muitos leitores estrangeiros, eu parecia estar descrevendo particularmente as políticas econômicas de seus próprios países.

    No entanto, agora, após 32 anos, uma extensa revisão se faz necessária. Além de atualizar todos os exemplos e dados estatísticos, escrevi um capítulo inteiramente novo sobre controle de aluguéis, pois a discussão de 1961 agora parece inadequada. E acrescentei um novo capítulo final, "A lição trinta anos depois", para mostrar por que hoje esta lição é mais desesperadamente necessária do que nunca.

Henry Hazlitt
Wilton, Connecticut
Junho de 1978

Prefácio do Autor à edição de 1946

Este livro é uma análise de falácias sobre a economia hoje tão correntes que se tornaram quase uma nova ortodoxia. A única coisa que impediu que isto ocorresse foram suas próprias contradições, que dispersaram os que aceitam as mesmas premissas em uma centena de diferentes "escolas", pela simples razão de que é impossível, em assuntos referentes à vida prática, estar constantemente errado. Mas a diferença entre uma nova escola e outra está, simplesmente, no fato de um grupo despertar mais cedo do que outro para os absurdos a que suas falsas premissas o estão conduzindo, e se torna, nesse momento, contraditório, quer abandonando-as involuntariamente, quer aceitando conclusões delas decorrentes que são menos inquietantes ou menos fantásticas do que as que a lógica exigiria.

Não há no mundo, porém, neste momento, um governo grande cuja política econômica não seja influenciada pela aceitação de algumas dessas falácias, ou que não seja inteiramente dirigido por elas. O meio mais curto e mais seguro para compreender a economia talvez seja mediante uma dissecação de tais erros e, especialmente, do erro fundamental do qual elas se originam. É esta a suposição deste livro e de seu título um tanto ambicioso e belicoso.

Portanto, este volume trata principalmente de uma exposição. Ela não tem qualquer pretensão de ser original no tocante a quaisquer das principais ideias que expõe. Pelo contrário, seus esforços objetivam mostrar que muitas das ideias que agora passam por brilhantes inovações e progressos são, na realidade, mero ressurgimento de antigos erros, e mais uma prova do ditado segundo o qual todo aquele que ignora o passado está condenado a repeti-lo.

O presente ensaio é, presumo, impudentemente "clássico", "tradicional" e "ortodoxo"; pelo menos são esses os epítetos com os quais as pessoas cujos sofismas são aqui analisados procurarão, indubitavelmente, tentar rejeitar essa análise. Mas o estudante cujo objetivo é obter o máximo de verdade possível não se atemorizará com tais adjetivos. Não estará permanentemente procurando uma revolução, uma "nova arrancada" no pensamento econômico. Seu espírito acolherá, naturalmente, tanto as novas quanto as velhas ideias; mas ficará contente em deixar de lado os esforços por novidade e originalidade que são mera inquietação ou exibicionismo. Como observou Morris R. Cohen (1880-1947):

> A ideia de que podemos abandonar as opiniões de todos os pensadores que nos precederam não deixa, por certo, qualquer base para a esperança de que nosso trabalho provará ser de algum valor para outrem[1].

Tratando-se de uma obra expositiva, me servi livremente e sem dar reconhecimento detalhado (salvo raras notas de rodapé e citações) das ideias alheias. Isto é inevitável quando se escreve em um campo no qual trabalharam muitas das melhores mentes do mundo. Mas a minha dívida com pelo menos três

---

[1] COHEN, Morris R. *Reason and Nature*. New York: Harcourt, Brace & Co., 1931.

autores é de uma natureza tão especifica que não posso deixar de mencioná-la. Minha dívida maior, relacionada à espécie de arcabouço expositivo no qual se apoia o presente argumento, é com o ensaio de Frédéric Bastiat (1801-1850), *Ce qu'on voit et ce qu'on ne voit pas*[2] [*O Que Se Vê e o Que Não Se Vê*], que hoje tem quase um século. O presente trabalho pode, realmente, ser considerado uma modernização, ampliação e generalização da abordagem encontrada no opúsculo de Bastiat. Minha segunda dívida é com Philip Wicksteed (1844-1927): especialmente os capítulos relativos aos salários e o resumo no capítulo final devem muito a seu trabalho *Common Sense of Political Economy*[3] [*O Senso Comum da Política Econômica*]. Minha terceira dívida é com Ludwig von Mises (1881-1973). Desconsiderando tudo quanto este tratado elementar possa dever às suas obras em geral, minha dívida mais específica refere-se à exposição sobre a maneira pela qual o processo de inflação monetária se difunde.

Ao analisar as falácias, mais uma vez julguei mais aconselhável reconhecer méritos do que citar nomes específicos. Citar nome exigiria fazer justiça especial a cada autor criticado, com citações exatas, considerações sobre a ênfase peculiar que dá a um ou a outro ponto, sobre as qualificações que faz, suas ambiguidades pessoais, incoerências etc. Espero, portanto, que ninguém fique desapontado com a ausência, nestas páginas, de nomes como Karl Marx (1818-1883), Thorstein Veblen (1857-1919), Major C. H. Douglas (1879-1952), *Lord* John Maynard Keynes (1883-1946), Professor Alvin Hansen (1887-1975), e outros. Não é propósito deste livro expor os erros específicos de determinados autores, mas os erros econômicos em sua forma

---

[2] BASTIAT, Frédéric. *O que se vê e o que não se vê*. São Paulo: LVM Editora, 2010.
[3] WISKSTEED, Philipe. *The Common Sense of Political Economy*. Abingdon: Routledge, 2008. 2v.

mais frequente, disseminada ou influente. De qualquer modo, as falácias, quando atingem a fase popular, tornam-se anônimas. As sutilezas ou obscurantismos encontrados nos autores mais responsáveis por sua propagação são eliminadas. Uma doutrina se torna simplificada; o sofisma que talvez tenha permanecido enterrado em uma rede de qualificações, ambiguidades ou equações matemáticas torna-se patente. Espero, portanto, não ser acusado de praticar injustiça, sob a alegação de que uma doutrina em voga pela forma por mim apresentada não o é precisamente da mesma forma que *Lord* Keynes ou algum outro autor a formularam. Estamos aqui interessados nas crenças que grupos politicamente influentes aceitam, e com as quais agem os governos, e não em suas origens históricas.

Espero, por fim, que me perdoem por raramente fazer referência a estatísticas nas páginas seguintes. Procurasse eu apresentar confirmação estatística ao me referir aos efeitos de tarifas, de fixação de preços, de inflação e dos controles sobre mercadorias tais como carvão, borracha e algodão, eu teria aumentado as dimensões desse livro muito além das previstas. Além disso, como jornalista atuante, sei perfeitamente o quão depressa as estatísticas se tornam antiquadas e superadas por cifras mais recentes. Aconselho aos interessados em problemas econômicos específicos que leiam discussões "realistas" atuais, com documentação estatística: eles não encontrarão dificuldade em interpretar corretamente as estatísticas à luz dos princípios básicos que aprenderam.

Procurei escrever este livro com tanta simplicidade e livre de tecnicidades quanto seria possível sem perder uma razoável precisão, de sorte que ele pode ser compreendido perfeitamente por um leitor sem conhecimento prévio de economia.

Quando o livro estava sendo composto, três capítulos já tinham sido publicados como artigos independentes, e desejo agradecer ao *The New York Times*, à *The American Scholar* e à *The New Leader* por terem permitido a reimpressão do material originalmente publicado em suas páginas. Sou grato ao professor von Mises por ter lido o manuscrito e apresentado sugestões úteis. Claro que é inteiramente minha a responsabilidade pelas opiniões aqui expressas.

Henry Hazlitt
Nova York,
25 de março de 1946

A Lição

PARTE I

Capítulo 1 | A Lição

I

A economia é mais assediada por falácias do que qualquer outro estudo conhecido pelo homem. Tal fato não é acidental. As dificuldades inerentes ao assunto seriam, em todo o caso, suficientemente grandes, mas são mil vezes multiplicadas por um fator insignificante, digamos, na física, matemática ou medicina: as alegações especiais de interesses egoístas. Apesar de qualquer grupo ter interesses econômicos idênticos aos de todos os demais, todo grupo tem também, conforme veremos, interesses opostos aos de todos os outros grupos. Enquanto certas políticas governamentais beneficiariam a todos no longo prazo, outras políticas beneficiariam apenas um grupo à custa dos demais. O grupo que se beneficiaria com estas políticas, tendo nelas interesse direto, as defenderá de modo plausível e persistente. Contratará os melhores cérebros que puder conseguir para que dediquem todo o seu tempo na defesa dessas políticas. E acabará ou convencendo o público de que o caso é justo, ou o confundirá de tal modo que se tornará quase impossível formar, sobre ele, um juízo claro.

Além dessas infindáveis alegações de egoísmo, há um segundo fator principal que todos os dias semeia novas falácias econômicas. É a persistente tendência de os homens verem somente os efeitos imediatos de determinada política, ou seus efeitos apenas em um grupo específico, deixando de averiguar quais os efeitos em longo prazo dessa política não só sobre esse grupo específico como sobre todos os demais. É a falácia de subestimar consequências secundárias.

Nisso reside toda a diferença entre a boa e a má economia. O mau economista enxerga somente o que de imediato captam seus olhos; o bom economista enxerga além disso. O mau percebe somente as consequências diretas de uma medida proposta; o bom enxerga também as consequências indiretas e mais distantes. O mau economista enxerga somente quais foram ou quais serão os efeitos de determinada política sobre determinado grupo; o bom investiga, além disso, quais os efeitos dessa política sobre todos os grupos.

A diferença pode parecer óbvia. A precaução de averiguar todas as consequências de certa política sobre todos pode parecer elementar. Não sabe todo mundo, em suas vidas privadas, que há toda a sorte de satisfações a princípio prazerosas, mas que, no fim, se revelam desastrosas? Não sabe toda criança que, se comer muito doce, poderá ficar enjoada? Não sabe o indivíduo que se embriaga que, na manhã seguinte, despertará com o estômago ruim e com uma horrível dor de cabeça? Não sabe o dipsomaníaco que está arruinando o fígado e abreviando a vida? Não sabe o Don Juan que se está expondo a toda sorte de riscos, da chantagem à doença? Finalmente, para voltarmos ao âmbito da economia, se bem que ainda pessoal, não sabem o desocupado e o esbanjador, mesmo durante suas gloriosas aventuras, que estão caminhando para um futuro de dívidas e pobreza?

Todavia, quando entramos no campo da economia pública, essas verdades elementares são ignoradas. Há homens, hoje considerados brilhantes economistas, que condenam a poupança e recomendam o esbanjamento em escala nacional como meio de salvação econômica; e quando alguém assinala quais serão, no longo prazo, as consequências dessas políticas, eles respondem de modo frívolo, tal como um filho pródigo ao pai que o estivesse prevenindo: "No longo prazo estaremos todos mortos". Essas pilhérias superficiais passam por epigramas devastadores e sabedoria amadurecidíssima.

Mas a tragédia é que, ao contrário, já estamos sofrendo as consequências de longo prazo das políticas do passado remoto ou recente. O dia de hoje já é o amanhã que o mau economista ontem urgira que ignorássemos. As consequências de longo prazo de algumas políticas econômicas podem tornar-se evidentes dentro de poucos meses. Outras talvez não se tornem evidentes durante vários anos. Outras, ainda, talvez não se tornem evidentes por décadas. Mas, em qualquer caso, essas consequências de longo prazo estão contidas na política econômica com a mesma certeza de que a galinha estava contida no ovo, e a flor, na semente.

Partindo, portanto, desse aspecto, pode-se resumir toda economia em uma única lição, e pode-se reduzir essa lição em uma única proposição. *A arte da economia consiste em considerar não só os efeitos imediatos de qualquer ato ou política como também os mais remotos; consiste em rastrear as consequências dessa política não somente para um único grupo, mas para todos eles.*

II

Nove entre dez das falácias sobre economia que estão causando tal terrível mal ao mundo resultam da ignorância dessa lição. Originam-se todas elas de uma entre duas falácias fundamentais, ou de ambas: considerar somente as consequências imediatas de um ato ou proposta, e somente considerar as consequências para um determinado grupo em detrimento dos demais.

É verdade, naturalmente, que o erro oposto é possível. Ao considerarmos uma política, não devemos concentrar-nos *somente* em seus resultados em longo prazo para a comunidade como um todo. É o erro muitas vezes cometido pelos economistas clássicos. Ele resultou em certa insensibilidade com o destino de grupos imediatamente prejudicados pelas políticas ou por acontecimentos que provaram ser benéficos para o saldo líquido e em longo prazo.

São, porém, relativamente poucas as pessoas que hoje cometem esse erro; e estas pessoas são, principalmente, os economistas profissionais. A mais frequente falácia hoje em dia, a que surge repetidas vezes em quase toda conversa que aborda assuntos econômicos, o erro de mil discursos políticos, o sofisma central da "nova" economia, é se concentrar nos efeitos em curto prazo da política sobre grupos específicos e ignorar, ou menosprezar, os efeitos em longo prazo sobre a comunidade como um todo. Os "novos" economistas lisonjeiam a si mesmos ao pensar que isso constitui um grande, quase um revolucionário, avanço em relação aos métodos dos economistas "clássicos" ou "ortodoxos", porque os primeiros levam em consideração os efeitos em curto prazo que os últimos frequentemente ignoraram. Mas, ao ignorar ou menosprezar os efeitos em longo prazo, estão cometendo um erro muito mais grave. Ao examinar precisa e minuciosamente determinadas árvores, não percebem a floresta. Seus métodos e conclusões são, quase sempre, profundamente reacionários. Às vezes, ficam surpreendidos ao perceberem que concordam com o mercantilismo do século XVII. Incorrem, na realidade (ou incorreriam se não fossem tão contraditórios), em todos os antigos erros que os economistas clássicos, como esperávamos, haviam descartado de uma vez por todas.

III

Infelizmente, comenta-se com frequência que os maus economistas apresentam seus erros ao público muito melhor do que os bons economistas apresentam suas verdades. Reclama-se frequentemente que os demagogos, em suas plataformas, podem ser mais plausíveis em postular disparates sobre economia do que os homens sinceros, que procuram mostrar o que há de errado nisso. Mas a razão básica para isso não deve encerrar mistério algum. Está no fato de que os demagogos e os maus economistas apresentam meias verdades. Falam somente sobre o efeito imediato de uma política proposta, ou sobre seu efeito em um único grupo. Até certo ponto, eles podem frequentemente ter razão. Nesses casos, a resposta consiste em mostrar que a política proposta teria, também, efeitos mais demorados e menos desejáveis, ou que ela somente poderia beneficiar certo grupo, às custas dos demais. A resposta está em completar e corrigir cada meia verdade com a outra metade. Mas considerar todos os principais efeitos de um curso de ação proposto sobre todos requer, muitas vezes, uma cadeia de raciocínios longa, complicada e fastidiosa. A maioria do público acha difícil acompanhar essa cadeia de raciocínios, e rapidamente fica entediada e desatenta. Os maus economistas justificam essa debilidade e essa preguiça intelectuais assegurando ao público que ele não precisa seguir o raciocínio ou julgá-lo segundo seu mérito, pois se trata apenas de "classicismo", ou de "*laissez-faire*", ou de "apologética capitalista" ou de qualquer outro termo ofensivo que calhe de lhes parecer eficaz.

Enunciamos, em termos abstratos, a natureza da lição e das falácias que se interpõem no caminho. Mas a lição não será absorvida, e as falácias continuarão a não ser reconhecidas, a menos que ambas sejam ilustradas com exemplos. Utilizando-os, poderemos passar dos problemas econômicos mais elementares aos mais complexos e difíceis. Por meio deles, poderemos aprender a detectar e a evitar, em primeiro lugar, as falácias mais grosseiras e palpáveis e, finalmente, algumas das mais sofisticadas e evasivas. Procederemos a essa tarefa agora.

A Lição Aplicada

PARTE II

Capítulo 2 | A Vitrine Quebrada

Comecemos com o exemplo mais simples possível: escolhemos, imitando Frédéric Bastiat, uma vidraça quebrada.

Suponhamos que um jovem malfeitor atire um tijolo em uma vitrine de uma padaria. O padeiro corre para fora da loja furioso, mas o moleque já desapareceu. Junta-se gente, e todos passam a olhar com tácita satisfação para o rombo na vitrine e os estilhaços de vidro sobre pães e tortas. Após um momento, a multidão julga necessário fazer reflexões filosóficas. É quase certo que diversos de seus componentes lembrem, uns aos outros ou ao padeiro, que, afinal de contas, aquela desventura tem seu lado proveitoso: proporcionará negócio para algum vidraceiro. Começando a pensar no caso, passam a desenvolver mais a fundo suas ideias. Quanto custará uma vitrine nova? Duzentos e cinquenta dólares? É uma quantia considerável. Afinal de contas, se vitrines não fossem quebradas, o que seria do negócio de vidros? Portanto, naturalmente, a coisa não tem fim. O vidraceiro terá mais US$250 para gastar com outros negociantes e estes, por sua vez, terão mais US$250 para despender com outros comerciantes e, assim, *ad infinitum*. A vitrine quebrada passará a proporcionar dinheiro e emprego a áreas cada vez maiores. A conclusão lógica de tudo isso, se a multidão chegasse a ela, seria a de que o jovem malfeitor que atirou o tijolo, longe de ser uma ameaça pública, seria um benfeitor público.

Encaremos agora a questão sob outro ângulo. A multidão tem razão, pelo menos, em sua primeira conclusão. Esse pequeno ato de vandalismo, a princípio, significará mais negócio para algum vidraceiro. Este se sentirá tão infeliz, ao saber do ocorrido, quanto um dono de funerária ao ter conhecimento de uma morte. Mas o padeiro ficará sem US$250, com os quais pretendia comprar um novo terno. Precisando substituir a vitrine, terá de prescindir do terno (ou de alguma necessidade ou luxo equivalente). Em vez de possuir uma vitrine e US$250, terá, agora, simplesmente, uma vitrine. Ou, como planejava comprar o terno naquela mesma tarde, em vez de ter uma vitrine e um terno, deverá contentar-se com a vitrine e nenhum terno. Se o considerarmos parte da comunidade, esta perdeu um terno novo que de outra forma possuiria, fato que a torna mais pobre. Em suma, o ganho de negócio do vidraceiro meramente representa a perda de negócio do alfaiate. Nenhum "emprego" novo foi criado. As pessoas, naquela multidão, estavam apenas pensando em duas partes da transação: o padeiro e o vidraceiro. Esqueceram a terceira parte em potencial envolvida: o alfaiate. Esqueceram-se dele precisamente porque agora ele não vai entrar em cena. Elas verão, daí a um ou dois dias, a nova vitrine. E nunca verão o terno adicional, exatamente porque ele nunca será confeccionado. Elas veem apenas o que está imediatamente diante de seus olhos.

Capítulo 3 | As Bênçãos da Destruição

Terminamos assim com a vitrine quebrada. Uma falácia elementar. Poderíamos supor que qualquer pessoa seria capaz de evitá-la após alguns momentos de reflexão. Contudo, sob uma centena de disfarces, a falácia da vitrine quebrada é a mais persistente na história da economia. É mais desenfreada agora do que em qualquer outro ponto do passado. É solenemente reafirmada todos os dias por grandes capitães da indústria, por câmaras de comércio, por líderes de sindicatos trabalhistas, por editorialistas, por colunistas de jornais, pelos comentadores radiofônicos e televisivos, por estatísticos cultos que usam as mais requintadas técnicas, por professores de economia em nossas melhores universidades. Sob as mais variadas formas, todos eles discorrem longamente sobre as vantagens da destruição.

Embora alguns deles evitassem dizer que há lucros líquidos em pequenos atos de destruição, eles veem benefícios quase intermináveis nas destruições de grande porte. Todos eles afirmam o quão melhor estamos economicamente na guerra do que na paz. Enxergam "milagres de produção" que requerem uma guerra para que ocorram. E enxergam um mundo que se torna próspero graças a uma enorme demanda "acumulada" ou "obstruída". Na Europa, depois da Segunda Guerra Mundial, eles contaram alegremente as casas e as cidades inteiras arrasadas, e que "tiveram de ser reconstruídas". Nos Estados Unidos, contaram as casas que não puderam ser construídas durante a guerra, meias-calças de náilon que não puderam ser fornecidas, os automóveis e pneus gastos, os aparelhos de rádio e refrigeradores obsoletos. Juntos, constituem um formidável total.

Tratava-se, nada mais, nada menos, da nossa velha amiga, a falácia da vitrine quebrada, com novas roupas e irreconhecível de tão gorda. E, desta vez, apoiada por todo um grupo de falácias afins. Essa falácia confunde *necessidade* com *demanda*. Quanto mais a guerra destrói, quanto mais empobrece, maiores são as necessidades do pós-guerra. Sem dúvida. Necessidade, porém, não é demanda. A demanda econômica real requer não apenas necessidades, como também o correspondente poder aquisitivo. Hoje, as necessidades da Índia são incomparavelmente maiores do que as dos Estados Unidos. Mas seu poder aquisitivo e, portanto, os "novos negócios" que ele pode estimular são incomparavelmente menores.

Se conseguirmos ir além desse ponto, há a possibilidade de outra falácia, à qual os adeptos da tese da vitrine quebrada geralmente se agarram. Eles pensam no "poder aquisitivo" somente em termos de moeda. Hoje, o dinheiro pode ser impresso. No momento em que escrevo isto, de fato, a impressão de moeda é a maior indústria do mundo, caso o produto seja medido em termos monetários. Todavia, quanto maior quantidade de moeda impressa, mais se reduzirá o valor de uma determinada unidade monetária. Esta queda de valor pode ser medida pelo aumento dos preços das mercadorias. Como, porém, a maioria das pessoas tem o arraigado hábito de pensar em sua riqueza e renda em termos de moeda, consideram-se elas em melhor situação à medida que tais somas monetárias aumentam, a despeito de que, em termos de bens, passam a possuir menos e, também, a comprar menos. A maioria dos "benéficos" resultados econômicos que o povo na época atribuiu à guerra eram, na realidade, devidos à inflação dos tempos de guerra. Eles poderiam ter sido, e foram, igualmente produzidos por uma inflação equivalente em tempos de paz. Voltaremos, mais adiante, a tratar dessa ilusão monetária.

Ora, existe uma meia verdade na falácia da demanda "obstruída", do mesmo modo como havia na da vitrine quebrada. A vitrine quebrada proporcionou mais negócio para o vidraceiro. A destruição da guerra de fato proporcionou mais negócio para os produtores de certos artigos. A destruição de casas e cidades de fato proporcionou mais negócios para as indústrias do ramo da construção. A incapacidade de produzir automóveis, aparelhos de rádio e refrigeradores durante a guerra de fato criou, no pós-guerra, uma demanda acumulada *por esses produtos em particular*.

Isto pareceu, para a maioria das pessoas, um aumento na demanda total, pois de fato o foi, em parte, *em termos de dólares de menor poder aquisitivo*. Mas o que realmente aconteceu foi um desvio da demanda de outras mercadorias para essas em particular. Os povos da Europa construíram um número maior de casas novas do que fariam de outra forma porque precisavam fazer isso. Quando, porém, construíam mais casas, dispunham de uma quantidade muito menor de mão de obra e de capacidade produtiva para tudo o mais. Quando compraram casas, dispunham de um poder aquisitivo muito menor para comprar outras coisas. Aonde quer que os negócios tenham aumentado em uma direção, eles, de modo correspondente, diminuíram em outra (exceto nos casos em que as energias produtivas foram estimuladas por um sentido de necessidade e urgência).

Em síntese, a guerra modificou a *direção* dos esforços do pós-guerra; alterou o equilíbrio das indústrias; modificou a estrutura da indústria.

Desde o término da Segunda Guerra Mundial na Europa, tem havido um rápido e até mesmo espetacular "crescimento econômico", tanto nos países que foram devastados pela guerra quanto naqueles que não o foram. Alguns dos países onde houve maior destruição, como a Alemanha, progrediram mais rapidamente do que outros, como a França, na qual a destruição foi muito menor. Isto se deu em parte porque a Alemanha Ocidental seguiu políticas econômicas mais sensatas. Isto se deu em parte porque a necessidade desesperada de recuperar a habitação e outras condições de vida normais estimulou maiores esforços. Mas isso não significa que a destruição de propriedades é uma vantagem para a pessoa cuja propriedade foi destruída. Ninguém incendeia sua própria casa pensando que a necessidade de reconstruí-la estimulará suas energias. Após uma guerra, normalmente, há um estímulo das energias por algum tempo. No início do famoso Capítulo III da obra *History of England* [*História da Inglaterra*][4], George Macaulay Trevelyan (1876-1962) indicou que:

> Nenhum simples infortúnio, nenhum simples desgoverno contribuirá tanto para tornar uma nação miserável quanto o progresso constante do conhecimento físico e o esforço constante de cada pessoa para progredir na vida contribuirão para tornar uma nação próspera. Tem-se observado com frequência que o gasto abundante, a tributação pesada, a restrição comercial absurda, os tribunais corruptos, as guerras desastrosas, as sedições, as perseguições, as conflagrações, as inundações não foram capazes de destruir o capital tão rapidamente quanto os esforços de cidadãos particulares são capazes de criá-los.

---

[4] TREVELYAN, George Macaulay. *História da Inglaterra*. Lisboa: Edições Cosmos, 1945. 2v.

Nenhum homem quer ver sua propriedade destruída, seja na guerra ou na paz. Aquilo que é prejudicial ou desastroso para uma pessoa deve ser também igualmente prejudicial ou desastroso para o grupo de pessoas que forma a nação.

Muitas das mais frequentes falácias no raciocínio econômico provêm da tendência, especialmente acentuada hoje, de se pensar em termos de uma abstração – a coletividade, a "nação" — e esquecer ou ignorar as pessoas que a compõem e lhe dão sentido. Ninguém que pensou primeiro nas pessoas cujas propriedades foram destruídas pela guerra poderia ser capaz de pensar que a destruição fosse uma vantagem econômica.

Aqueles que pensam que a destruição da guerra aumenta a "demanda" total esquecem que demanda e oferta são, simplesmente, duas faces da mesma moeda. São a mesma coisa vista de diferentes direções. Oferta cria demanda porque, no fundo, é demanda. A oferta das coisas que um povo fabrica é, de fato, tudo o que ele tem para oferecer em troca dos artigos que deseja. Nesse sentido, a oferta de trigo pelos fazendeiros constitui sua demanda por automóveis e outros bens. Tudo isso é inerente à moderna divisão do trabalho e a uma economia de trocas.

Esse fato fundamental é, na verdade, obscurecido para a maioria das pessoas (inclusive para certos economistas reputadamente brilhantes) por meio de complicações tais como o pagamento de salários e a forma indireta pela qual, praticamente, todas as trocas modernas são feitas por intermédio do dinheiro. John Stuart Mill (1806-1873) e outros autores clássicos, embora algumas vezes tenham fracassado ao não considerar devidamente as consequências complexas resultantes do uso do dinheiro, viram, pelo menos, através do "véu monetário", as realidades subjacentes. Neste sentido, estiveram à frente dos críticos de seu tempo, mais confundidos do que instruídos pelo dinheiro. Mera inflação — isto é, mera emissão de mais dinheiro, com a consequente elevação de salários e preços — pode parecer criação de maior demanda. Em termos, porém, de verdadeira produção e troca de coisas, não é.

Deveria ser evidente que o poder aquisitivo real é extinguido na mesma proporção que se extingue o poder de produção. Não nos devemos deixar iludir ou confundir nesta questão pelos efeitos da inflação monetária no aumento de preços ou da "renda nacional" em termos monetários.

Diz-se, às vezes, que, no pós-guerra, os alemães ou os japoneses levaram vantagem sobre os americanos porque suas fábricas velhas, tendo sido totalmente destruídas pelas bombas durante a guerra, puderam ser substituídas por equipamentos e fábricas mais modernas e, assim, produzir mais eficientemente e a preços mais baixos do que os americanos, com suas fábricas e equipamentos mais velhos e um tanto obsoletos. Mas, se isto fosse realmente uma vantagem líquida evidente, os americanos poderiam facilmente compensá-la pondo abaixo imediatamente as fábricas velhas e sucateando todos os equipamentos velhos. De fato, todos os fabricantes em todos os países poderiam destruir todas as fábricas e equipamentos velhos todos os anos e levantar novas fábricas, instalando novos equipamentos.

A pura verdade é que há uma taxa ótima de substituição, uma época oportuna para a substituição. Seria uma vantagem para um fabricante ter sua fábrica e seus equipamentos destruídos por bombas, mas apenas se isto acontecesse quando sua fábrica e equipamentos, pela deterioração ou obsolescência, já tivessem atingido um valor nulo ou negativo, e as bombas caíssem num momento em que, de qualquer modo, ele já deveria ter chamado uma equipe de demolição ou comprado novos equipamentos.

É bem verdade que a depreciação prévia e a obsolescência, se não estiverem apropriadamente registradas nos livros, podem tornar a destruição de sua propriedade menos desastrosa, no saldo líquido, do que pode parecer. É também verdade que a existência de fábricas e equipamentos novos acelera a obsolescência de fábricas e equipamentos mais velhos. Se os proprietários tentassem seguir usando essas fábricas e equipamentos mais velhos por um período de tempo mais longo do que aquele em que eles maximizariam seus lucros, então, os fabricantes cujas fábricas e equipamentos fossem destruídos (se supusermos que tivessem vontade e capital para substituí-los por fábricas e equipamentos novos) iriam obter uma vantagem comparativa ou, para ser mais preciso, reduziriam sua perda comparativa.

Em resumo, somos levados a concluir que nunca é vantagem ter as fábricas destruídas por granadas ou bombas, a menos que estas fábricas já tenham se tornado sem valor ou adquirido um valor negativo por depreciação e obsolescência.

Além do mais, em toda esta argumentação até agora, omitimos uma consideração fundamental. Fábricas e equipamentos não podem ser substituídos por uma pessoa (ou por um governo socialista), a menos que ela ou ele adquiram ou possam adquirir as economias, a acumulação de capital, para fazer a substituição. Mas a guerra destrói capital acumulado.

É verdade que pode haver fatores de compensação. Descobertas e progressos tecnológicos durante a guerra, por exemplo, podem aumentar a produtividade nacional ou individual em um ou em outro ponto, e, por fim, pode haver um aumento líquido na produtividade total. A demanda do pós-guerra nunca reproduzirá o modelo exato da demanda do pré-guerra. Mas tais complicações não devem impedir-nos de reconhecer que a verdade básica é que a destruição gratuita de qualquer coisa de real valor é sempre uma perda líquida, um infortúnio, ou um desastre, e quaisquer que sejam as considerações compensatórias em determinada ocasião, jamais será, no balanço líquido, uma bênção ou um benefício.

Capítulo 4 | Obras Públicas Significam Impostos

I

Não existe no mundo crença mais persistente e mais influente, hoje em dia, do que aquela nos gastos governamentais. Por todas as partes, eles são apresentados como a panaceia para todos os nossos males econômicos. Está a indústria privada parcialmente estagnada? Podemos resolver isso por meio de gastos governamentais. Há desemprego? Isso, obviamente, é causado pelo "insuficiente poder aquisitivo particular". O remédio é igualmente óbvio. Tudo o que é necessário é que o governo despenda o suficiente para compensar a "deficiência".

Uma literatura considerável se baseia nesta falácia e, como muitas vezes acontece com doutrinas dessa espécie, tornou-se parte de uma complexa rede de falácias que se sustentam mutuamente. Não podemos, a esta altura, investigar toda essa rede; voltaremos mais tarde a tratar de outros ramos dela. Mas podemos examinar aqui a falácia-mãe que deu origem a essa prole, o principal ramo da rede.

Tudo o que obtemos, com a exceção das dádivas gratuitas da natureza, tem de ser pago de algum modo. O mundo está repleto de supostos economistas que, por sua vez, têm vários esquemas para obter alguma coisa por nada. Dizem-nos que o governo pode gastar e gastar sem absolutamente tributar; que pode continuar a acumular dívidas sem jamais as liquidar, porque "nós merecemos". Trataremos dessas extraordinárias doutrinas mais adiante. Receio que, aqui, tenhamos de ser dogmáticos e assinalar que, no passado, sonhos tão agradáveis assim foram sempre destruídos pela insolvência nacional ou por uma inflação galopante. Devemos aqui dizer, simplesmente, que todos os gastos governamentais terão, por fim, que ser pagos com os ganhos advindos da tributação; que a própria inflação é meramente uma forma, uma forma particularmente cruel de tributação.

Tendo posto de lado, para considerações posteriores, a rede de falácias que se apoiam em empréstimos crônicos do governo e na inflação, admitiremos como dado em todo este capítulo que cada dólar gasto pelo governo deverá ser arrecadado imediata ou em última instância por meio de impostos. Uma vez que consideremos a questão nesse sentido, os supostos milagres dos gastos governamentais aparecerão sob outro aspecto.

Um certo montante de despesas públicas é necessário para que o governo desempenhe suas funções essenciais. Uma certa quantidade de obras públicas — ruas, estradas, pontes, túneis, arsenais, estaleiros, edifícios para as assembleias legislativas, departamentos de polícia e bombeiros — é necessária para atender aos serviços públicos essenciais. Não estou interessado em tais obras públicas, necessárias pelo que representam, e defendidas somente nessa base. Quero aqui tratar das obras públicas consideradas como meios de "gerar emprego" ou de dar à riqueza da comunidade um acréscimo que ela não teria sem essas obras.

Constrói-se uma ponte. Se ela é construída para atender a uma demanda pública insistente, se soluciona um problema de tráfego ou de transporte de outro modo insolúveis, se, em suma, é ainda mais necessária aos contribuintes coletivamente do que as coisas com as quais eles individualmente gastariam seu dinheiro, se este não lhes houvesse sido tirado através dos tributos, não pode haver objeção. Mas uma ponte construída principalmente para "gerar emprego" é uma espécie diferente de ponte. Quando gerar emprego constitui um fim, a necessidade se torna uma consideração subordinada. Tem-se que *inventar* "projetos". Em vez de pensarem apenas nos locais em que devem ser construídas as pontes, os responsáveis pelo dinheiro público começam a indagar a si mesmos onde *podem* construí-las. Podem eles inventar razões plausíveis pelas quais uma ponte nova deve ligar Easton a Weston? Isso logo se torna absolutamente essencial. Os que duvidam dessa necessidade são tachados de obstrucionistas e reacionários.

Apresentam-se dois argumentos para a ponte: um, o que se ouve principalmente antes de ela ser construída; e outro, o que principalmente se ouve depois de terminada. O primeiro argumento é que a construção gerará emprego. Gerará, digamos, quinhentos empregos durante um ano. A implicação disso é que esses empregos, de outra forma, não teriam surgido.

Isso é o que se vê de imediato. Mas se treinamos a nós mesmos para enxergar além das consequências imediatas e secundárias, e além daqueles que são diretamente beneficiados por um projeto governamental para enxergar os que são indiretamente afetados, o quadro que se apresenta é diferente. É verdade que determinado grupo de construtores ganha mais empregos, o que não ocorreria de outro modo, mas a ponte deve ser paga com os impostos. Para cada dólar gasto com a ponte, um dólar será tirado dos contribuintes. Se a ponte custa US$10 milhões, os contribuintes perderão US$10 milhões. Ser-lhes-á tirada a mesma importância que, não fosse a construção, seria despendida em coisas de que necessitavam mais. Portanto, para cada emprego público criado pelo projeto da ponte, um emprego em algum lugar do setor privado é destruído. Podemos observar os operários empregados na construção da ponte. Podemos observá-los no trabalho. O argumento da geração de emprego por parte daqueles que controlam os gastos do governo torna-se vívido e, provavelmente, convincente para a maioria das pessoas. Há, entretanto, outras coisas que não vemos porque, infelizmente, não se permitiu que surgissem. São os empregos destruídos pelos US$10 milhões tirados dos contribuintes. Na melhor das hipóteses, tudo o que aconteceu foi uma *transferência* de empregos por causa do projeto. Mais operários para a construção da ponte; menos operários para a indústria automobilística, menos técnicos de televisão, menos empregados para fábricas de artigos de vestuário e para as fazendas.

Chegamos, então, ao segundo argumento. A ponte existe. É, suponhamos, uma ponte realmente bonita. Surgiu graças à magia dos gastos governamentais. O que teria acontecido se os obstrucionistas e os reacionários tivessem conseguido impor sua vontade? Não teria havido a ponte. O país teria se tornado mais pobre. Nisso, os responsáveis pelo dinheiro público, outra vez, levam a melhor na discussão com todos aqueles que não sabem enxergar além do alcance imediato de seus olhos. Eles podem ver a ponte. Mas, se tiverem treinado a si mesmos a perceber as consequências indiretas da mesma maneira que as diretas podem, mais uma vez ver, com os olhos da imaginação, possibilidades que nunca se permitiu que chegassem a existir. Podem ver casas não construídas, automóveis, lavadoras de roupa, vestidos e paletós não fabricados, e talvez alimentos não cultivados nem vendidos. Enxergar esses elementos que não foram criados requer certa imaginação, que poucos têm. Podemos, talvez, imaginar imediatamente esses objetos não existentes, mas não podemos mantê-los em nossas mentes do mesmo modo como podemos com a ponte que atravessamos todos os dias quando vamos para o trabalho. Aconteceu que, simplesmente, foi criada uma coisa em vez de outra.

II

O mesmo raciocínio se aplica, naturalmente, a qualquer outra espécie de obras públicas. Aplica-se também, por exemplo, à construção, com fundos públicos, de habitações para pessoas de baixa renda. Tudo o que acontece é que o dinheiro é confiscado, por meio de impostos, de famílias de renda mais elevada (e, talvez, até um pouco do de famílias de renda menor) para forçá-las a subsidiar essas famílias selecionadas, de renda inferior, o que permite que elas vivam em melhores moradias, pagando o mesmo aluguel anterior ou um aluguel ainda mais baixo.

Não pretendo esmiuçar aqui todos os prós e contras da moradia subsidiada pelo governo. Interessa-me apenas assinalar o erro de dois dos argumentos mais frequentemente apresentados a favor desse tipo de moradia. Um é o argumento de que ela "cria empregos"; o outro, que ela cria riquezas, que, sem isso, não teriam sido produzidas. Ambos os argumentos são falsos, uma vez que não levam em consideração o que se perde pela tributação. A tributação para moradias subsidiadas com fundos públicos destrói tantos empregos em outras atividades quantos cria no setor imobiliário. Resulta em casas particulares não construídas, em máquinas de lavar roupa e refrigeradores nunca fabricados, e na falta de inumeráveis outras mercadorias e serviços.

E nada disso é respondido pela espécie de resposta que assinala, por exemplo, o fato de que as moradias subsididadas com dinheiro público não precisam ser financiadas por uma apropriação de capital a ser pago de uma só vez, mas apenas por meio de subsídios anuais de aluguel. Isso simplesmente significa que o custo para o contribuinte é distribuído por muitos anos, em vez de se concentrar em apenas um. Tais detalhes técnicos são irrelevantes para o argumento principal.

A grande vantagem psicológica a favor dos defensores da moradia subsidiada com dinheiro público é a de que se veem homens trabalhando enquanto estão sendo construídas as casas, e estas são vistas depois de terminadas. Passam a ser habitadas, e os moradores, orgulhosamente, mostram as dependências aos amigos. Não se veem os empregos destruídos pelos impostos destinados às moradias, nem os bens e serviços que deixaram de ser feitos. Exige um esforço concentrado do pensamento, e um novo esforço cada vez que se veem as casas e seus felizes moradores, imaginar a riqueza que em vez disso não foi criada. É surpreendente que os defensores das moradias subsidiadas com dinheiro público rejeitem isso quando se lhes é levado ao conhecimento, tachando-o de pura imaginação, de simples objeções teóricas, ao mesmo tempo em que indicam as moradias públicas existentes? Isso faz lembrar um personagem da peça *Saint Joan [Santa Joana]*[5], de George Bernard Shaw (1856-1950), que, ao lhe falarem sobre a teoria de Pitágoras (570-495 a. C.) de que a Terra é redonda e gira em torno do Sol, respondeu: "Que completo idiota! Não podia ver isso com os próprios olhos?"

Devemos aplicar o mesmo raciocínio, mais uma vez, aos grandes projetos, como o da Tennessee Valley Authority (TVA). Nesse caso, simplesmente pelo tamanho, o perigo da ilusão de ótica é maior do que nunca. Eis uma gigantesca represa, um formidável arco de aço e concreto "maior do que qualquer outro empreendimento que o capital privado poderia ter construído", o fetiche dos fotógrafos, o paraíso dos socialistas, o símbolo

---

[5] SHAW, George Bernard. *Santa Joana e Pigmalião*. Rio de Janeiro: Opera Mundi, 1973.

mais frequentemente usado dos milagres das obras, da propriedade e da operação públicas. Eis gigantescos geradores e usinas elétricas. Eis toda uma região, diz-se, elevada ao um nível econômico mais alto, atraindo fábricas e indústrias que, de outro modo, não teriam existido. E tudo é apresentado, nos panegíricos de seus devotos, como um ganho econômico líquido, sem contrapartidas

Não precisamos, aqui, entrar no mérito da TVA nem no de projetos públicos semelhantes. Desta vez, entretanto, necessitamos de um especial esforço de imaginação, do qual poucas pessoas são capazes, para ver o lado devedor do livro-razão. Se os impostos arrecadados de pessoas e companhias são aplicados em determinada região do país, por que motivo causaria surpresa, por que deveria ser considerado milagre que essa região se tenha tornado relativamente mais rica? Outras regiões do país, deveríamos lembrar-nos, se encontram, então, relativamente mais pobres. Aquele empreendimento tão grande que "o capital privado não teria podido construir" foi, na verdade, construído pelo capital privado — pelo capital que foi expropriado mediante impostos (ou, se o dinheiro foi tomado como empréstimo, que por fim será expropriado também mediante impostos). Precisaremos, novamente, fazer um esforço de imaginação para vermos as usinas elétricas e as habitações particulares, as máquinas de escrever e os aparelhos de televisão, os quais não se permitiu que viessem a surgir, porque o dinheiro que se coinfiscou do povo em todo o país foi empregado na construção da fotogênica Represa de Norris.

III

Escolhi, propositadamente, os mais favoráveis exemplos de planos de dispêndios públicos — isto é, os que são mais frequente e ardentemente alentados pelos agentes governamentais e mais altamente considerados pelo público. Não falei das centenas de projetos inúteis que, invariavelmente, aparecem logo que o objetivo principal é "dar empregos" e "pôr gente para trabalhar". Isso porque, conforme vimos, a utilidade do próprio projeto torna-se, inevitavelmente, consideração secundária. Além disso, quanto mais extravagante a obra, quanto maior o custo da mão de obra, tanto melhor para o objetivo de proporcionar mais empregos. Sob tais circunstâncias, é altamente improvável que os projetos inventados pelos burocratas proporcionem o mesmo aumento líquido à riqueza e ao bem-estar, por dólar gasto, que teria sido proporcionado pelos próprios contribuintes se, individualmente, lhes tivessem permitido comprar ou fazer o que eles mesmos desejassem em vez de serem forçados a entregar parte de suas poupanças ao Estado.

Capítulo 5 | Os Impostos Desestimulam a Produção

Existe, ainda, outro fator que torna improvável que a riqueza criada pelos dispêndios governamentais compense plenamente a riqueza destruída pela tributação imposta para pagar tais dispêndios. Não é, como tantas vezes se supõe, uma simples questão de tirar algo do bolso direito da nação para colocá-lo no esquerdo. Os gastadores governamentais dizem-nos, por exemplo, que, se a renda nacional é de US$1,5 trilhão, então os impostos do governo, de US$360 bilhões por ano, significariam que somente 24% da renda nacional estariam sendo transferidos de fins particulares para fins públicos. Isso é falar como se o país fosse uma entidade da mesma espécie de uma grande companhia com recursos acumulados, e como se tudo o que estivesse envolvido fosse uma simples transação contábil. Os gastadores governamentais se esquecem que estão tirando dinheiro de A a fim de pagarem a B. Ou, então, sabem disso perfeitamente, mas, ao mesmo tempo em que discorrem largamente sobre todos os benefícios do processo para B, e sobre todas as coisas maravilhosas que ele terá e que não teria, se o dinheiro não lhe houvesse sido transferido, esquecem-se dos efeitos da transação sobre A. B é atendido, e A é esquecido.

Em nosso mundo moderno, a mesma porcentagem de imposto de renda jamais é imposta para todo mundo. A grande carga desse imposto recai sobre uma porcentagem menor da renda nacional; e este imposto de renda deve ser suplementado por outros de outra espécie. Esses impostos, inevitavelmente, afetam as ações e os incentivos daqueles dos quais são cobrados. Quando uma grande empresa perde 100 centavos de cada dólar perdido, e somente lhe permitem conservar 52 centavos de cada dólar que ganha, e quando não pode compensar adequadamente os anos de prejuízos com os anos de lucros, suas políticas são afetadas. A companhia não expande as operações ou expande somente aquelas que vêm acompanhadas de um mínimo de risco. As pessoas que reconhecem essa situação se veem dissuadidas de iniciar novos empreendimentos. Assim, antigos empregadores não mais empregam, ou não empregam tanto quanto talvez empregassem; e outros resolvem não se tornar empregadores. Portanto, maquinaria aperfeiçoada e fábricas mais bem equipadas passam a surgir muito mais lentamente do que surgiriam de outra forma. O resultado em longo prazo é que os consumidores são impedidos de conseguir produtos melhores e mais baratos na mesma medida em que conseguiriam de outra forma, e que os salários reais são mantidos baixos em comparação com o que poderiam ter sido.

Há efeito semelhante quando a renda pessoal é tributada em 50, 60 e 70%. As pessoas começam a se perguntar por que devem trabalhar seis, oito ou nove meses do ano todo para o governo, e somente seis, quatro ou três meses para si e suas famílias. Se perdem o dólar inteiro quando têm prejuízos, e somente podem conservar uma fração dele quando lucram, decidem que é uma tolice assumir riscos com seu capital. Além disso, o capital disponível para os riscos diminui enormemente. Ele vai sendo arrebatado pelos tributos antes que possa ser acumulado. Em síntese, o capital para prover novos empregos no setor privado fica em primeiro lugar impedido de surgir, e a parte que realmente surge não encontra estímulo para a criação de novos empreendimentos. Os gastadores governamentais criam o problema do desemprego que afirmam solucionar.

Uma certa quantidade de impostos é, obviamente, indispensável para o desempenho de funções governamentais essenciais. Impostos razoáveis para esse objetivo não têm por que prejudicar muito a produção. A espécie de serviços governamentais prestados, então, em retribuição – e que, entre outras coisas, protege a própria produção – é mais do que uma compensação para isso. Mas quanto maior a porcentagem da renda nacional confiscada por meio de impostos, tanto maiores os dissuasores à produção e aos empregos de entidades particulares. Quando o gravame total do imposto vai além de uma importância suportável, torna-se insolúvel o problema de criar impostos que não desestimulem e desorganizem a produção.

Capítulo 6 | O Crédito Desvia a Produção

I

Tanto o "estímulo" do governo aos negócios quanto sua hostilidade devem, às vezes, ser temidos. Este suposto estímulo muitas vezes assume a forma de concessão direta de crédito governamental ou de garantia de empréstimos privados.

A questão do crédito governamental pode com frequência ser complicada, porque envolve a possibilidade de inflação. Deixaremos para um capítulo posterior a análise dos efeitos dos vários tipos de inflação. Aqui, por uma questão de simplicidade, vamos admitir que o crédito sobre o qual estamos debatendo seja não inflacionário. A inflação, conforme veremos mais adiante, conquanto complique a análise, no fundo não muda as consequências das políticas discutidas.

Uma proposta frequente dessa espécie no Congresso Norte-Americano é a de concessão de mais crédito para os fazendeiros. Segundo o ponto de vista da maioria dos membros do Congresso, não há crédito que baste para os fazendeiros. O crédito fornecido por companhias hipotecárias particulares, companhias de seguro ou bancos rurais, nunca é "adequado".

O Congresso está sempre encontrando novos hiatos que não são preenchidos pelas instituições financeiras de empréstimo existentes, não importando quantas delas já tenham sido criadas por ele. Os fazendeiros podem até ter crédito suficiente em longo ou curto prazos, mas resulta que não têm crédito "intermediário" o suficiente, ou as taxas de juros são demasiado altas; ou a reclamação é a de que os empréstimos privados são concedidos somente a fazendeiros ricos e já estabelecidos. O Legislativo vai, então, criando sucessivamente novas instituições financeiras de empréstimo e novos tipos de empréstimos agrícolas.

A fé em todas essas políticas, veremos adiante, advém de dois atos de falta de visão. Um deles é encarar a questão apenas do ponto de vista dos fazendeiros que tomam dinheiro emprestado. O outro é pensar somente na primeira metade da transação.

Ora, aos olhos dos prestatários honestos, todos os empréstimos têm, afinal, que ser pagos. Todo crédito é dívida. As propostas para aumento do volume do crédito, portanto, representam simplesmente outro nome para propostas do aumento da carga das dívidas. Elas pareceriam menos atraentes se, habitualmente, se referissem a elas pelo segundo nome em vez de pelo primeiro.

Não precisamos discutir aqui os empréstimos normais que são feitos aos fazendeiros por intermédio de fontes privadas. Eles consistem em hipotecas, em créditos para pagamento a prestações destinados à aquisição de automóveis, de refrigeradores, de aparelhos de TV, de tratores e de outras máquinas agrícolas, e em empréstimos bancários com os quais o fazendeiro pode ir vivendo até fazer a colheita, colocar a produção no mercado, e pagá-los. Aqui, temos de nos ocupar só dos empréstimos a fazendeiros feitos diretamente por algum órgão governamental ou garantidos por este.

Tais empréstimos são de dois tipos principais. Um é o destinado a capacitar o fazendeiro a conservar sua produção fora do mercado. Este é um tipo de empréstimo especialmente danoso; será, porém, mais conveniente considerá-lo mais adiante, quando chegarmos à questão do controle de mercadorias por parte do governo. O outro é um empréstimo para proporcionar capital para o fazendeiro, muitas vezes, poder estabelecer-se comercialmente, capacitando-o a comprar a própria fazenda, uma mula ou um trator, ou todos os três.

À primeira vista, as alegações para esse tipo de empréstimo podem parecer muito fortes. Eis aqui uma família pobre, dirão, sem qualquer meio de subsistência. Será crueldade e desperdício deixá-la sob assistência econômica do governo. Adquira então uma fazenda para ela; tome providências para que ela se estabeleça comercialmente; faça de seus membros cidadãos produtivos e respeitáveis; faça com que possam contribuir para o aumento da produção nacional e pagar o empréstimo com a sua produção. Ou, então, eis aqui um fazendeiro que esteja mourejando com métodos primitivos de produção por não dispor de capital para adquirir um trator. Empreste dinheiro a ele para comprar um; deixe que ele aumente sua produtividade; ele poderá pagar o empréstimo com os lucros do aumento de suas colheitas. Desse modo, não só o enriqueceremos e o reergueremos; enriqueceremos também toda a comunidade com esse aumento da produção. E o empréstimo – conclui o argumento – custará menos do que zero ao governo e aos contribuintes, porque será "autoliquidável".

Ora, na realidade, isso é o que acontece todos os dias sob a instituição de crédito privado. Se um homem deseja comprar uma fazenda e tem, digamos, apenas metade ou uma terça parte do dinheiro correspondente ao custo, um vizinho ou um banco empresta-lhe o dinheiro restante sob a forma de hipoteca da fazenda. Se ele deseja comprar um trator, o próprio fabricante ou uma empresa financiadora lhe permitirá adquiri-lo mediante pagamento da terça parte do preço de compra, devendo o restante ser pago em prestações obtidas com o faturamento que o próprio trator ajudará a conseguir.

Há, entretanto, uma diferença decisiva entre os empréstimos fornecidos por particulares e os fornecidos por uma agência governamental. Todo prestamista particular arrisca seus próprios fundos. (É verdade que o banqueiro arrisca fundos de terceiros que lhe foram confiados; mas, se perder o dinheiro, terá de compensar a perda com seus próprios fundos ou, então, será obrigado a abandonar o negócio). Quando alguém põe em risco seus próprios recursos, comumente é cuidadoso em suas investigações para determinar a idoneidade dos ativos empenhados, o tino comercial e a honestidade do prestatário.

Se o governo operasse com este mesmo rigor, não haveria de fato bom argumento para sua entrada nesse campo. Por que fazer precisamente o que agências particulares já fazem? O governo, entretanto, quase invariavelmente opera observando padrões diferentes. Na verdade, todo o argumento para entrar no negócio de empréstimos prende-se ao fato de que fará empréstimos a pessoas que não poderiam consegui-los de prestamistas particulares. Isso é simplesmente outra maneira de dizer que os prestamistas governamentais assumirão riscos com o dinheiro de outras pessoas (dos contribuintes); que os prestamistas particulares não assumiriam com seu próprio dinheiro. Na verdade, por vezes, os defensores dessa política reconhecem sem reservas que a porcentagem de prejuízos será mais alta nos empréstimos governamentais do que nos efetuados por particulares. Porém, eles afirmam, que isso será mais do que compensado pelo aumento da produção proporcionado pelos prestatários que pagam os empréstimos, e até mesmo pela maioria dos que deixam de pagá-los.

Esse argumento parecerá plausível somente contanto concentremos nossa atenção nos prestatários específicos aos quais o governo fornece fundos, e ignorarmos as pessoas às quais seu plano priva de dinheiro, pois o que, na realidade, está sendo emprestado, não é dinheiro, que é apenas meio de intercâmbio, mas capital. (Já avisei ao leitor que deixaremos para tratar mais adiante das complicações que uma expansão inflacionária de crédito traz consigo). O que realmente está sendo emprestado – digamos – é a fazenda ou o próprio trator. Ora, o número de fazendas existentes é limitado, assim como a produção de tratores (admitindo-se, especialmente, que um excedente econômico de tratores não seja produzido simplesmente à custa de outras mercadorias). A fazenda ou o trator, que estão sendo emprestados a A, não podem ser emprestados a B. A verdadeira questão é, portanto, se será A ou B quem obterá a fazenda.

Isto nos leva aos respectivos méritos de A e de B e a quanto cada um deles contribui, ou quanto é capaz de contribuir, para a produção. Digamos que A fosse o homem que obteria a fazenda, se o governo não interviesse. O banqueiro local ou seus vizinhos conhecem-no, bem como a seus antecedentes. Desejam encontrar um emprego para seus fundos. Sabem que é bom fazendeiro e um homem honesto e de palavra. Consideram-no um bom risco. Talvez ele já tenha, por meio de sua engenhosidade, frugalidade e previsão, acumulado dinheiro suficiente para pagar a quarta parte do preço da fazenda. Emprestam-lhe os três quartos restantes e ele adquire a fazenda.

Corre uma ideia estranha, mantida por todo financista extravagante, de que crédito é algo que o banqueiro dá a um homem. Crédito, no entanto, é algo que o homem já tem. Tem-no, talvez, porque já possui um ativo negociável de valor monetário maior do que o empréstimo que está solicitando. Ou o tem porque seu caráter e seus antecedentes o conquistaram. Leva-o consigo ao banco. Essa é a razão por que o banqueiro lhe faz o empréstimo. Este não lhe está dando algo por coisa alguma. Está seguro de que será pago. Está simplesmente trocando uma forma mais líquida de ativo ou crédito por uma forma menos líquida. Às vezes, comete um erro, e, nesse caso, não é só o banqueiro quem sofre, mas toda a comunidade, pois os valores que supostamente seriam produzidos pelo prestatário não foram produzidos e, com isso, desperdiçaram-se os recursos.

Agora, digamos que o banqueiro conceda o empréstimo de A, que tem crédito. O governo, porém, entra no negócio dos empréstimos com caridosa disposição de espírito porque, digamos, está preocupado com B. B não pode conseguir uma hipoteca ou outro empréstimo com prestamistas privados porque não tem crédito com eles. Não dispõe de poupanças, e seus antecedentes como bom fazendeiro não são impressionantes; e talvez esteja, na ocasião, sob assistência governamental. Por que, indagam os defensores do crédito governamental, não o transformam em um membro útil e produtivo da sociedade, concedendo-lhe crédito suficiente para adquirir uma fazenda e uma mula, ou um trator, e estabelecer-se comercialmente?

Talvez, em determinados casos individuais, essa medida dê certo. Mas é óbvio que, em geral, as pessoas escolhidas segundo esses padrões governamentais oferecerão riscos muito maiores do que as escolhidas segundo os padrões de entidades privadas. Mais dinheiro será perdido ao se conceder tais empréstimos a essas pessoas. Haverá, entre elas, maior porcentagem de falências, menor eficiência, maior desperdício de recursos. Além disso, as pessoas que recebem crédito governamental obterão suas fazendas e tratores à custa de outras, que, de outra forma, teriam sido beneficiadas pelo crédito privado. Como B consegue uma fazenda, A ficará privado de ter uma. A talvez seja forçado a desistir, ou porque as taxas de juros subiram como resultado das operações do governo, ou porque, em virtude dessas operações, os preços das fazendas subiram, ou porque não existe outra fazenda a ser comprada na vizinhança. Em todo caso, o resultado líquido do crédito do governo não foi aumentar a importância da riqueza produzida pela comunidade, mas reduzi-la, pois o efetivo capital disponível (que é constituído de fazendas, tratores etc.) foi colocado em mãos de prestatários menos eficientes, em vez de ser colocado em mãos de pessoas mais eficientes e dignas de confiança.

II

O caso torna-se ainda mais claro se passarmos das fazendas para outras formas de negócio. Propõe-se frequentemente que o governo assuma os riscos "demasiado grandes para a indústria privada". Isso significa que se deve permitir aos burocratas assumirem riscos com o dinheiro dos contribuintes; riscos que ninguém está disposto a assumir com o próprio dinheiro.

Tal política acarretaria males de muitas espécies. Acarretaria o favoritismo: pela concessão de empréstimos a amigos, ou em retribuição a subornos. Levaria, inevitavelmente, a escândalos. Provocaria recriminações sempre que o dinheiro dos contribuintes fosse despendido com empresas que falissem. Aumentaria a demanda por socialismo, pois, seria perguntado, muito justamente, que, se o governo vai arcar com os riscos, por que não receber também os lucros? Que justificativa pode haver, de fato, para solicitar aos contribuintes que assumam os riscos ao mesmo tempo em que se permite que os capitalistas particulares conservem os lucros? (Isto, no entanto, é precisamente o que já fazemos, no caso de empréstimos do governo a fazendeiros "sem recursos", conforme veremos mais adiante).

Deixemos de lado, porém, por enquanto, todos esses males, e concentremo-nos em apenas uma das consequências dos empréstimos desse tipo. A consequência é a de que eles desperdiçarão capital e reduzirão a produção. Destinarão o capital disponível a projetos ruins ou, no mínimo, duvidosos. Entregarão o capital nas mãos de pessoas menos competentes ou menos dignas de confiança do que aquelas que, de outro modo, poderiam tê-lo obtido, pois a quantidade de capital efetivo em qualquer momento (que se distingue da moeda simbólica saída de uma impressora) é limitada. O que colocamos nas mãos de B não pode ser colocado nas mãos de A.

As pessoas desejam investir seu próprio capital são, porém, cautelosas. Desejam recebê-lo de volta. A maioria dos prestamistas, portanto, investiga meticulosamente qualquer proposta antes de arriscar nela seu próprio dinheiro. Avaliam as perspectivas de lucro contra as possibilidades de prejuízo. Podem, às vezes, errar. Mas, por diversas razões, provavelmente cometerão menor número de erros do que os prestamistas governamentais. Em primeiro lugar, o dinheiro é delas ou foi-lhes confiado voluntariamente. No caso de empréstimos feitos pelo governo, o dinheiro é de outras pessoas e foi-lhes tirado, independentemente do seu desejo pessoal, por meio de impostos. O capital privado será investido somente onde se espera que, com certeza, seja amortizado e juros sejam pagos. Isso é sinal de que se espera que as pessoas às quais o dinheiro foi emprestado produzirão, para o mercado, mercadorias que o público realmente deseja. O dinheiro do governo, por outro lado, provavelmente será emprestado para algum propósito vago e geral, como "criar emprego"; e quanto mais ineficiente for a obra – isto é, quanto maior o volume de empregos que ela requer em relação ao valor do produto – tanto mais provável será que o investimento seja altamente considerado.

Os prestamistas particulares, além disso, são selecionados por uma prova cruel do mercado. Se cometerem erros graves, perderão seu dinheiro e não terão mais capital para emprestar. Somente se tiverem sido coroadas de êxito no passado terão mais capital para emprestar no futuro. Assim, créditos prestamistas particulares (salvo uma proporção relativamente pequena dos que tenham obtido fundos por meio de herança) são rigidamente selecionadas por um processo de sobrevivência dos mais aptos. Os prestamistas governamentais, por outro lado, ou são os que foram aprovados nos concursos para o exercício de cargos públicos, e sabem como responder hipoteticamente a perguntas hipotéticas, ou são os que podem oferecer as mais plausíveis razões para conceder empréstimos e as mais plausíveis explicações de que não lhes coube culpa, se houve malogro nos empréstimos que concederam. Mas o resultado líquido permanece: nos empréstimos de particulares, utilizam-se muito melhor recursos e capitais existentes do que nos empréstimos do governo. Os empréstimos governamentais desperdiçarão muito mais capital e recursos do que os de particulares. Em suma: os empréstimos governamentais, comparados aos privados, reduzirão a produção, não a aumentarão.

A proposta de empréstimos governamentais a indivíduos ou projetos particulares, em síntese, vê B e se esquece de A. Vê as pessoas em cujas mãos é colocado o capital, e ignora as que, de outro modo, o teriam recebido. Vê o projeto para o qual se concede o capital, e não considera os projetos para os quais não existiu capital. Vê o benefício imediato de um grupo, desconsidera as perdas de outros grupos, e a perda líquida da comunidade como um todo.

Os argumentos contra os empréstimos e hipotecas que têm a garantia do governo a negócios e indivíduos privados são quase tão fortes, apesar de menos óbvios, quanto os argumentos contra os empréstimos e hipotecas feitos diretamente pelo governo. Os defensores de hipotecas com a garantia do governo também se esquecem de que, em última instância, o que está sendo emprestado é capital real, cuja oferta é limitada, e que eles estão ajudando um identificado B às custas de algum não identificado A. Hipotecas de casas com a garantia do governo, especialmente quando uma entrada ínfima ou nenhuma entrada é exigida, inevitavelmente se traduzem em mais empréstimos ruins do que o contrário. Elas obrigam o contribuinte em geral a subsidiar os riscos ruins e custear os prejuízos. Elas estimulam as pessoas a "comprar" casas que essas pessoas de fato não podem pagar. No fim das contas, elas tendem a gerar uma oferta excessiva de casas em comparação com a de outras coisas. Elas temporariamente estimulam de modo excessivo a construção, aumentam os custos da construção para todos (inclusive para os compradores das casas com as hipotecas garantidas), e podem levar a indústria da construção, no fim das contas, a promover uma custosa expansão excessiva. Em suma, no longo prazo elas não aumentam a produção nacional geral, mas estimulam investimentos ruins.

III

Observamos, no início deste capítulo, que às vezes se deve temer a "ajuda" governamental aos negócios tanto quanto sua hostilidade. Isso se aplica tanto aos subsídios quanto aos empréstimos governamentais. O governo jamais empresta ou concede algo às empresas que delas não retire. Muitas vezes, ouvem-se defensores do *New Deal* e outros partidários do estatismo vangloriarem-se da maneira pela qual o governo norte-americano "salvou os negócios da falência", em 1932, e depois, com a *Reconstruction Finance Corporation*, a *Home Owners Loan Corporation*, e outras agências governamentais. Acontece, porém, que o governo não pode conceder auxílio financeiro a empresas sem que, a princípio ou no fim das contas, o tire. Todos os fundos do governo advêm de impostos. Até mesmo o muito alardeado "crédito do governo" apoia-se na suposição de que os empréstimos serão finalmente liquidados com a renda obtida por meio dos impostos. Quando o governo concede empréstimos ou subsídios às empresas, o que ele faz é tributar as empresas privadas bem-sucedidas a fim de amparar as malsucedidas. Sob certas circunstâncias emergenciais, poderá haver para isso argumentos plausíveis, cujos méritos não precisamos discutir aqui. Mas, em longo prazo, isso não se afigura como proposição compensadora do ponto de vista do país como um todo. E a experiência tem demonstrado que não é.

Capítulo 7 | A maldição da maquinaria

I

Entre as mais viáveis de todas as ilusões econômicas está a crença de que máquinas, em um saldo líquido, geram desemprego. Destruída mil vezes, tal crença tem ressurgido sempre das próprias cinzas com a mesma firmeza e o mesmo vigor. Sempre que há prolongado desemprego em massa, são as máquinas que, novamente, levam a culpa. Essa falácia é ainda a base de muitas práticas de sindicatos trabalhistas. O público tolera tais práticas porque acredita que, no fundo, os sindicatos têm razão, ou sente-se demasiado confuso para ver justamente porque estão errados.

A crença de que as máquinas causam desemprego, quando mantida com alguma consistência lógica, conduz a conclusões ridículas. Devemos estar causando tanto desemprego com o aperfeiçoamento tecnológico de hoje em dia quanto o homem primitivo deve ter começado a causar com os primeiros esforços feitos no sentido de se poupar de labuta e suor inúteis.

Para não irmos muito longe, consideremos *The Wealth of Nations* [*A Riqueza das Nações*][6], de Adam Smith (1723-1790),

---

[6] SMITH, Adam. *A Riqueza das Nações*. São Paulo: WMF Martins Fontes, 3ª Ed., 2016.

livro publicado em 1776. O primeiro capítulo dessa notável obra intitula-se "Da divisão do trabalho", e, na segunda página desse primeiro capítulo, o autor conta que um operário não familiarizado com o uso da máquina utilizada em uma fábrica de alfinetes "dificilmente faria um alfinete por dia e, certamente, não poderia fazer vinte", mas poderia, com o uso dessa máquina, fazer 4.800 alfinetes por dia. Assim, já ao tempo de Adam Smith – que lástima! –, a máquina havia posto fora de trabalho de 240 a 4.800 operários fabricantes de alfinetes para cada um que permanecesse trabalhando. Na indústria de alfinetes já havia, se as máquinas simplesmente tiram o trabalho dos homens, 99,98% de desemprego. Poderia haver situação mais sombria do que esta?

A situação podia se tornar ainda mais sombria, pois a Revolução Industrial estava apenas na infância. Consideremos alguns dos incidentes e aspectos dessa revolução. Vejamos, por exemplo, o que aconteceu na indústria de meias. Ao serem introduzidas novas máquinas de meias, elas foram destruídas pelos operários manufatureiros (mais de mil em uma única revolta), casas foram incendiadas, os inventores foram ameaçados de morte e obrigados a fugir, e a ordem somente foi restabelecida depois de chamados os militares, e degredados ou enforcados os cabeças das revoltas.

Ora, é importante ter em mente que, contanto que os desordeiros estivessem pensando em seu futuro imediato, ou até mesmo em seu futuro mais remoto, sua oposição à máquina era racional. Pois William Felkin (1795-1874), em *History of the Machine-Wrought Hosiery Manufactures* [História da Manufatura de Malhas Forjadas à Máquina][7] de 1867, conta-nos (embora sua declaração não pareça plausível) que a maior parte dos

---

[7] FELKIN, Willian. *History of the Machine-Wrought Hosiery Manufactures*. London: Longmans, Green, and co., 1867.

cinquenta mil tecelões de meias inglesas e suas famílias não ficou totalmente livre da fome e da miséria causadas pela introdução da máquina durante os quarenta anos seguintes. Mas se os revoltosos acreditavam, e a maioria deles indubitavelmente acreditava, que a máquina estava substituindo permanentemente os homens, eles estavam errados, pois antes do fim do século XIX, a indústria de meias estava empregando pelo menos cem homens para cada um dos que empregara no começo daquele século.

Sir Richard Arkwright (1732-1792) inventou sua máquina de fiar algodão em 1760. Calculava-se haver na Inglaterra, naquela época, 5.200 fiandeiros usando rocas de fiar e 2.700 tecelões — ao todo, 7.900 pessoas empregadas na produção de tecidos de algodão. Houve oposição à invenção de Arkwright sob a alegação de que ela ameaçava a subsistência dos operários, e essa oposição teve que ser eliminada pela força. Entretanto, em 1787 – 27 anos depois do aparecimento da invenção –, uma investigação parlamentar mostrou que o número de pessoas que estava trabalhando em fiação e tecelagem de algodão havia subido de 7.900 para 320.000: um aumento de 4.400%.

Se o leitor consultar um livro como *Recent Economic Changes* [*Mudanças Econômicas Recentes*][8], de David A. Wells (1828-1898) publicado em 1889, encontrará passagens que, excetuadas as datas e as cifras absolutas apresentadas, poderiam ter sido escritas por nossos tecnófobos de hoje. Permita-me o leitor citar algumas:

> Durante o decênio de 1870 a 1880, inclusive, a Marinha Mercante britânica aumentou seu movimento para cerca de 22 milhões de toneladas, só em matéria de carregamentos para o exterior e descargas [...] entretanto, o número

---

[8] WELLS, David Ames. *Recent Economic Changes and Their Effect on the Production and Distribution of Wealth and Well-Being of Society*. Cambridge: D. Appleton, 1889.

de homens empregados na realização desse grande movimento havia diminuído em 1880, comparado ao de 1870, para cerca de 3 mil (2.990, exatamente). O que motivou tal diminuição? A introdução de máquinas de içar a vapor e de elevadores de grãos e cereais nos cais e nas docas, o emprego de energia a vapor etc. [...]

Em 1873, o aço de Bessemer, na Inglaterra, cujo preço não fora aumentado pelas tarifas protecionistas, era de $ 80 a tonelada; em 1866, era fabricado com lucro e vendido na mesma região por menos de $ 20 a tonelada. Ao mesmo tempo, a capacidade de produção anual de um conversor Bessemer aumentara quatro vezes sem que se aumentasse a mão de obra utilizada; esta, pelo contrário, diminuiu.

A potência que já estava sendo produzida pelas máquinas a vapor existentes no mundo, e em operação no ano de 1887, foi calculada pelo Departamento de Estatística, em Berlim, como equivalente à de 200 milhões de cavalos, representando aproximadamente a de 1 bilhão de homens; ou, pelo menos, três vezes a população obreira da terra. [...]

Seria de se pensar que a última cifra citada teria feito o senhor Wells fazer uma pausa e meditar por que ainda restava algum emprego no mundo em 1889; ele, porém, concluiu simplesmente, com discreto pessimismo, que: *"sob tais circunstâncias, a superprodução industrial [...] poderá se tornar crônica"*.

Na depressão de 1932, começou-se novamente a lançar à máquina a culpa pelo desemprego. Em poucos meses, as doutrinas de um grupo que se intitulava "os Tecnocratas" espalharam-se pelo país como um incêndio florestal. Não vou enfastiar o leitor com um recital das cifras fantásticas apresentadas por esse grupo, ou corrigi-las, para mostrar quais fatos eram os verdadeiros. Basta dizer que os Tecnocratas retornaram ao erro, em toda a sua pureza, de que a máquina substituía permanentemente o homem – exceto que, em sua ignorância, apresentaram esse erro como uma nova e revolucionária descoberta deles próprios. Era, nada mais nada menos, outra ilustração do aforismo de George Santayana (1863-1952), segundo o qual os que não se lembram do passado estão condenados a repeti-lo.

Os Tecnocratas por fim foram ridicularizados até desaparecerem; mas sua doutrina, que os precedera, permanece. Reflete-se em centenas de regras para obrigar a dar emprego a desempregados e práticas de contratar mais trabalhadores do que necessário por parte dos sindicatos; e esses regulamentos e normas são tolerados e até mesmo aprovados em virtude da confusão que, a esse respeito, paira sobre a mente do público.

Testemunhando em nome do Departamento de Justiça dos Estados Unidos perante a Temporary National Economic Commitee (Comissão Econômica Nacional Temporária, mais conhecida como TNEC) em março de 1941, Corwin Edwards (1901-1979) citou inúmeros exemplos de tais práticas. O sindicato dos eletricistas da cidade de Nova York foi acusado de se recusar a instalar equipamento elétrico fabricado fora do estado de Nova York, a menos que o equipamento fosse desmontado e novamente montado no local em que deveria ser instalado. Em Houston, Texas, bombeiros hidráulicos mestres e o sindicato dos bombeiros hidráulicos concordaram que canos pré-fabricados para instalação seriam instalados pelos membros do sindicato somente se a rosca de uma das extremidades do cano fosse cortada, para que se pudesse acrescentar uma nova no local da instalação. Vários ramos do sindicato dos pintores impuseram restrições ao uso de pistolas de pulverização, restrições, em muitos casos, apenas para *"obrigar a dar emprego"* ao exigirem a aplicação da tinta com pincel, processo mais vagaroso. Um ramo do sindicato dos caminhoneiros exigia que todo caminhão que entrasse na zona metropolitana de Nova York tivesse um motorista local ao lado do motorista já empregado. Em várias cidades, o sindicato dos eletricistas exigia que, se qualquer luz ou fonte de energia elétrica temporária tivesse que ser usada em uma construção, um eletricista para manutenção em tempo integral deveria ser mantido na obra, e a ele não seria permitido realizar qualquer obra que envolvesse eletricidade. Esse regulamento, segundo o senhor Edwards, *"muitas vezes implica contratar um homem que passa o dia lendo ou jogando paciência, não fazendo coisa alguma a não ser manobrar um interruptor no começo e no fim do dia".*

Seria possível prosseguir citando tais práticas de obrigar a dar emprego em muitos outros setores. Na indústria ferroviária, os sindicatos insistem que se empreguem foguistas em tipos de locomotivas que não necessitam deles. Nos teatros, sindicatos insistem no emprego de trocadores de cenários mesmo em se tratando de peças nas quais não se usam cenários. O sindicato dos músicos exigia que se empregassem músicos substitutos, ou até orquestras inteiras, em muitos casos em que somente eram necessários discos e vitrolas.

Em 1961, não havia sinal de que a falácia houvesse desaparecido. Não apenas os líderes sindicais, mas funcionários do governo, falavam solenemente da "automação" como uma das principais causa do desemprego. A automação era debatida como se fosse uma coisa inteiramente nova no mundo. Na verdade, era apenas um novo nome para o progresso tecnológico continuado e outros avanços em equipamentos de economia de trabalho.

II

Mas, mesmo hoje, a oposição à maquinaria de economia de trabalho não fica apenas entre leigos em economia. Por volta de 1970, apareceu um livro de um autor tão altamente considerado que até recebeu o Prêmio Nobel de economia. Seu livro opunha-se à introdução de máquinas que economizam trabalho nos países subdesenvolvidos, tendo em vista que elas *"reduzem a demanda de mão de obra"*[9]! A conclusão lógica disso seria que o meio de gerar o maior número de empregos é tornar todo trabalho tão ineficiente e improdutivo quanto possível. Isso significa que os revoltosos ingleses ludditas[10], que, no início do século XIX, destruíram máquinas de tecer meias, teares a vapor e máquinas de tosquiar, apesar de tudo, estavam fazendo a coisa certa.

Cifras e cifras poderiam ser acumuladas para mostrar o quão errados estavam os tecnófobos do passado. De nada, porém, adiantaria, a menos que compreendêssemos *por que* estavam errados. Pois estatísticas e histórias são inúteis em economia, salvo se vêm acompanhadas de compreensão *dedutiva* básica dos fatos – o que, neste caso, significa entender a razão por que *tiveram* de ocorrer as consequências do passado com a introdução da máquina e de outros elementos de economia de trabalho. Se não, afirmarão os tecnófobos (como, de fato, afirmam quando se lhes assinala que as profecias de seus predecessores se mostraram absurdas): *"Tudo isso poderia muito bem ser certo no passado; mas as condições atuais são fundamentalmente diferentes; não podemos de forma alguma, agora,*

---

[9] MYRDAL, Gunnar. *The Challenge of World Poverty*. New York: Pantheon Books, 1970, p. 400-01 *et seq.*

[10] Os luddismo (ou apenas "ludismo") foi uma união de trabalhadores ingleses do início do século XIX. Os ludditas se notabilizaram pelos protestos em fábricas e pela pregação social contra a utilização dos maquinários criados a partir da Revolução Industrial. Além da pregação contra o modo de trabalho industrializado, que era considerado uma forma de corrupção do trabalho tradicional consolidado pela história, a prática de destruir máquinas e avariar instalações industriais logo foi adotada pelo grupo como forma de protesto. No entanto, em 1812 com o *Frame-Breaking Act*, lei instaurada pelo Parlamento Inglês contra os atos de depredação de maquinários, as forças policiais e judiciárias endureceram severamente as penas daqueles que quebravam os maquinários industriais; em casos extremos chegando à pena de morte ao infrator. Após o endurecimento cabal contra o movimento, paulatinamente as práticas do grupo foram arrefecendo, assim como a adesão popular às suas pautas gerais. (N. E.)

admitir o desenvolvimento de qualquer outra máquina que venha poupar trabalho". A sra. Eleanor Roosevelt (1884-1962), aliás, escreveu na coluna de um jornal circulação nacional, em 19 de setembro de 1945: *"Chegamos, hoje, a um ponto em que os mecanismos para economizar trabalho só são bons quando não deixam o operário sem seu emprego"*.

Se, de fato, fosse verdade que a introdução de maquinário que poupa trabalho é uma causa do constantemente crescente desemprego e da miséria, as conclusões lógicas que se tirariam seriam revolucionárias, não só no campo técnico, mas também no nosso conceito de civilização. Não só teríamos que considerar calamidade todo progresso técnico futuro, como teríamos de considerar com igual horror todo progresso técnico passado. Todos os dias, cada um de nós, em nossas próprias atividades, empenha-se em reduzir o esforço exigido para consecução de determinado resultado. Cada um de nós procura economizar seu trabalho, economizar os meios necessários para alcançar seus fins. Todo empregador, pequeno ou grande, procura, constantemente, conseguir seus resultados de maneira mais econômica e mais eficiente, isto é, poupando trabalho. Todo trabalhador inteligente procura reduzir o esforço necessário à realização da tarefa que lhe é atribuída. Os mais ambiciosos entre nós procuram, incansavelmente, aumentar os resultados que podem conseguir em um determinado número de horas. Os tecnófobos, se fossem lógicos e coerentes, teriam de desconsiderar todo esse progresso e engenhosidade por serem não só inúteis, como também prejudiciais. Por que devem ser transportadas cargas por estradas de ferro, de Nova York a Chicago, se poderíamos empregar um número consideravelmente maior de homens que carregassem todas elas nos ombros?

Teorias tão falsas quanto essa nunca são sustentadas com consistência lógica, mas prejudicam bastante só pelo fato de serem sustentadas. Procuremos, portanto, ver exatamente o que acontece quando se introduzem aperfeiçoamentos técnicos e maquinário que economiza trabalho. Os detalhes variarão em cada caso, dependendo das condições particulares que prevalecem em cada indústria ou período. Admitamos, porém, um exemplo que envolve as principais possibilidades.

Suponhamos que um fabricante de roupas venha a saber da existência de uma máquina capaz de fazer sobretudos para homens e mulheres pela metade da força trabalho que antes empregava. Ele instala a máquina e despede metade de seus funcionários.

Isso, à primeira vista, parece evidente perda de emprego. Mas a própria máquina exigiu trabalho para ser construída; de sorte que, em compensação, foram criados empregos que, de outro modo, não existiriam. O fabricante, porém, somente adotaria a máquina se ela fizesse melhores roupas com metade da mão de obra, ou a mesma espécie de roupas por um custo menor. Se admitirmos esse segundo argumento, não poderemos admitir que a quantidade de mão de obra para a construção da máquina seja tão grande, em termos de folha de pagamento, quanto a quantidade de mão de obra que o fabricante de roupas espera, afinal, economizar, em longo prazo, adotando a máquina; de outro modo, não haveria economia, e o fabricante de roupas não a teria adotado.

Portanto, deve-se ainda levar em conta uma perda líquida de emprego. Mas devemos, pelo menos, lembrar a real possibilidade de que o *primeiro* efeito da introdução da maquinaria poupadora de trabalho pode inclusive ser o de aumentar o emprego no saldo líquido; porque, geralmente, é só *em longo prazo* que o fabricante de roupas espera economizar dinheiro ao adotar a máquina; poderá levar vários anos até que a máquina "pague-se por si mesma".

Depois que a máquina tiver produzido economias o suficiente para compensar seu custo, o fabricante de roupas terá mais lucro do que antes. (Presumiremos que ele apenas venda suas roupas pelo mesmo preço dos concorrentes e não faça esforço algum para vender mais barato do que eles). A essa altura, pode parecer que a mão de obra tenha sofrido uma perda líquida de emprego, ao passo que somente o fabricante, o capitalista, é quem tenha lucrado. Mas é precisamente desse lucro extra que devem vir os subsequentes ganhos sociais. O fabricante deve usar esse lucro adicional em pelo menos um destes três caminhos e, possivelmente, usará parte dele em todos os três: 1) usará o lucro adicional na expansão de suas operações, comprando outras máquinas para confeccionar um número maior de casacos; ou 2) investirá o lucro adicional em alguma outra indústria; ou 3) despenderá o lucro adicional aumentando seu próprio consumo. Em qualquer uma das três direções, estará aumentando o emprego.

Em outras palavras: o fabricante, como resultado de sua economia, tem lucros que antes não tinha. Agora, todo dólar que economizou em salários diretos pagos aos antigos operários, ele tem que pagar, em salários indiretos, ou aos que fabricam a nova máquina, ou a operários de outra indústria que use capital, ou aos construtores de uma nova casa, ou pelo automóvel que comprar para si, ou pelas joias e casacos de pele que adquirir para a esposa. Em qualquer caso (a menos que seja um simples acumulador), proporcionará, indiretamente, tantos empregos quantos os que deixou de proporcionar diretamente.

A questão, entretanto, não termina e não pode terminar aqui. Se esse fabricante empreendedor, comparado com seus competidores, faz grandes economias, começará a expandir suas operações, à expensa deles, ou eles também começarão a comprar máquinas. Novamente, mais trabalho será dado aos fabricantes destas. Mas a concorrência e a produção começarão, então, a forçar a baixa do preço dos sobretudos. E não haverá mais lucros tão grandes para aqueles que adotam as novas máquinas. A taxa de lucro dos fabricantes que as empregam vai começar a cair, ao mesmo tempo em que os fabricantes que ainda não adotaram as novas máquinas talvez não obtenham lucro algum. As poupanças, em outras palavras, começarão a passar para os compradores de sobretudos — aos *consumidores*.

Como, porém, os sobretudos são agora mais baratos, um número maior de pessoas passa a comprá-los. Isso significa que, embora seja menor o número de pessoas necessárias para a fabricação da mesma quantidade anterior de sobretudos, um maior número destes é feito agora. Se a demanda por sobretudos for o que os economistas denominam "elástica" – isto é, se uma queda no preço faz com que uma maior quantidade de dinheiro seja agora despendida em sobretudos – então, um maior número de operários pode ser empregado na fabricação de sobretudos do que antes da introdução das novas máquinas. Já vimos como isso na verdade aconteceu, historicamente, com as meias e com outros tecidos.

Mas o novo emprego não depende da elasticidade da demanda de determinada mercadoria. Suponhamos que, embora o preço dos sobretudos sofra um corte de quase 50% – de um preço antigo de, digamos, US$150, para um preço novo de US$75 –, nenhum sobretudo adicional fosse vendido. O resultado seria que, enquanto os consumidores estivessem bem providos de novos sobretudos, tanto quanto antes, cada comprador teria agora US$75 sobrando, o que antes não se verificava. Ele despenderá, portanto, esses US$75 em outra coisa, proporcionando, assim, aumento de emprego em *outros* ramos.

Em síntese: no saldo líquido, as máquinas, os avanços tecnológicos, a automação, as economias e a eficiência não deixam os homens sem trabalho.

III

É claro que nem todas as invenções e descobertas são máquinas que "economizam mão de obra". Algumas delas, como os instrumentos de precisão, o náilon, o acríclico, a madeira compensada, e plásticos de toda espécie, simplesmente melhoram a qualidade dos produtos. Outras, como o telefone ou o avião, realizam operações que a mão de obra direta não poderia realizar. Outras, ainda, dão origem a objetos e serviços, como os aparelhos de raios X, os rádios, os aparelhos de TV, de ar-refrigerado, e computadores, que, de outro modo, sequer existiriam. No exemplo precedente, entretanto, consideramos precisamente a espécie de máquina que tem sido objeto especial da tecnofobia moderna.

É possível, naturalmente, ir longe demais com o argumento de que, no saldo líquido, as máquinas não deixam os homens desempregados. Alega-se, às vezes, por exemplo, que as máquinas criam mais empregos do que teriam existido de outra forma. Em certas condições, isso talvez seja verdade. Em *determinados ramos de negócios*, elas certamente podem criar um número consideravelmente maior de empregos. As cifras do século XVIII relativas às indústrias têxteis oferecem um exemplo típico. Seus correlatos modernos não se apresentam menos surpreendentes. Em 1910, nos Estados Unidos, 140 mil pessoas foram empregadas na recém-criada indústria automobilística. Em 1920, com o aperfeiçoamento e com a redução do custo do produto, a indústria empregava 250 mil pessoas. Em 1930, continuando o aperfeiçoamento e a redução do custo, o número de empregados na indústria era de 380 mil. Em 1973, subiu para 941 mil. Por volta de 1973, 514 mil pessoas estavam empregadas na fabricação de aeronaves e de peças de aeronaves, e outras 393 mil, na indústria de componentes eletrônicos. E o mesmo ocorreu em cada uma das novas indústrias que, sucessivamente, foram criadas, à medida que se aperfeiçoavam as invenções e se reduziam os custos dos produtos.

Há também um sentido absoluto em que se pode dizer que as máquinas aumentaram consideravelmente o número de empregos. A população do mundo, hoje em dia, é quatro vezes maior do que a de meados do século XVIII, antes de a Revolução Industrial estar em plena marcha. Pode-se dizer que as máquinas deram origem a esse aumento da população; pois, sem as máquinas, o mundo não teria sido capaz de sustentar tal aumento. Pode-se dizer, portanto, que três a cada quatro de nós devem à máquina não só o seu emprego, como também suas próprias vidas.

Entretanto, é um engano pensar que a função ou o resultado das máquinas seja basicamente criar *empregos*. O resultado real da máquina é aumentar a *produção*, elevar o padrão de vida e o bem-estar econômico. Não é fácil empregar todo mundo, mesmo (ou especialmente) na economia mais primitiva. Pleno emprego – emprego integral, demorado, cansativo, e que requer esforço – é uma característica precisamente das nações industrialmente mais atrasadas. Onde já houver pleno emprego, novas máquinas, invenções e descobertas não podem – até haver tempo para um aumento da população – proporcionar *mais* empregos. Provavelmente, essas novidades gerarão mais *desemprego* (mas, desta vez, estou falando de desemprego *voluntário*, e não *involuntário*), pois as pessoas podem agora se dar o luxo de trabalhar um número menor de horas, enquanto as crianças e as pessoas de idade avançada não precisarão mais trabalhar.

O que as máquinas fazem, repetindo, é causar um aumento da produção e uma melhoria do padrão de vida. Elas podem fazê-lo de uma entre duas maneiras: tornando as mercadorias mais baratas para os consumidores (como no nosso exemplo dos sobretudos), ou proporcionando aumento de salários em razão do aumento da produtividade dos operários. Em outras palavras: ou aumentam os salários em espécie ou, reduzindo os preços, aumentam os bens e serviços que esses mesmos salários em espécie poderão comprar. Às vezes, fazem as duas coisas. O que de fato acontece depende, em grande parte, da política monetária seguida no país. Mas, seja como for, as máquinas, invenções e descobertas aumentam os salários *reais*.

IV

É necessária uma advertência antes de passarmos a outro assunto. O grande mérito dos economistas clássicos foi, precisamente, procurarem consequências secundárias, preocuparem-se com os efeitos de determinada política econômica ou com o desenvolvimento em longo prazo e na comunidade como um todo. Mas também foi uma falha deles o fato de que, ao raciocinar no longo prazo e em termos amplos, muitas vezes se esqueceram de considerar os fatos no curto prazo e em âmbito restrito. Muitas vezes, eles estavam inclinados a minimizar ou a esquecer completamente os efeitos imediatos do desenvolvimento em grupos particulares. Vimos, por exemplo, que muitos dos tecelões de meias ingleses sofreram uma verdadeira tragédia com a introdução de novas máquinas de tecer meias, uma das primeiras invenções da Revolução Industrial.

Mas tais fatos e seus correlatos modernos levaram alguns autores ao extremo oposto de considerar somente os efeitos imediatos sobre certos grupos. Joe Smith perde o emprego em razão da introdução de alguma nova máquina. "Fiquem de olho em Joe Smith" – insistem esses autores. "Jamais o percam de vista." Mas o que então eles fazem em seguida é ficar de olho *somente* em Joe Smith, esquecendo-se de Tom Jones, que acabou de obter um novo emprego na fabricação da nova máquina, e de Ted Brown, que arranjou emprego como seu operador, assim como de Daisy Miller, que pode agora comprar um casaco pela metade do preço que costumava pagar. E, como pensam somente em Joe Smith, terminam defendendo políticas reacionárias e sem sentido.

Sim, devemos manter Joe Smith sob nossas vistas. Ele perdeu o emprego por causa da nova máquina. Talvez logo possa conseguir outro, até melhor. Mas, talvez, ele também tenha dedicado muitos anos de sua vida para adquirindo e aperfeiçoando uma habilidade especializada para a qual o mercado não encontra mais qualquer utilidade. Ele perdeu o investimento em si mesmo, em sua antiga habilidade, do mesmo modo que seu antigo patrão talvez tenha perdido *seu* investimento em máquinas antigas ou em processos que, subitamente, se tornaram obsoletos. Ele era um operário especializado, e seu salário era o salário pago a operários especializados. Agora, da noite para o dia, ele se tornou novamente um operário não especializado e, no momento, só pode esperar o salário de trabalhador comum, pois sua habilidade especial não mais é necessária. Não podemos e não devemos nos esquecer de Joe Smith. A tragédia dele é uma das tragédias pessoais que, conforme veremos, ocorrem em quase todo progresso industrial e econômico.

Perguntar precisamente qual a atitude deveríamos tomar em relação a Joe Smith – se deveríamos deixar que ele faça sua própria adaptação, se deveríamos indenizá-lo, compensá-lo pelo desemprego, ou ampará-lo ou treiná-lo, à custa do governo, para conseguir um novo emprego – significaria ultrapassar o ponto que, aqui, estamos procurando exemplificar. A lição fundamental está em que devemos tentar ver *todas* as principais consequências de qualquer política econômica ou desenvolvimento – os efeitos imediatos para grupos específicos e, também, os efeitos em longo prazo para todos os grupos.

Se dedicamos um espaço considerável a esse problema, é porque nossas conclusões a respeito dos efeitos de novas máquinas, invenções e descobertas sobre o emprego, a produção e o bem-estar são cruciais. Se estamos errados no tocante a esses problemas, há poucas coisas na economia sobre as quais provavelmente estamos certos.

Capítulo 8 | Esquemas de Difusão do Trabalho

Referi-me a várias práticas sindicais para obrigar a dar emprego e para contratar mais trabalhadores do que o necessário. Tais práticas e a tolerância do público com relação a elas originam-se da mesma falácia fundamental que o temor pelas máquinas. É a crença de que um processo mais eficiente de fazer alguma coisa destrói empregos, e seu corolário natural de que um processo menos eficiente os cria.

Aliada a essa falácia está a crença de que existe apenas uma quantidade fixa de trabalho a ser feito no mundo e que, se não podemos aumentá-la inventando processos mais incômodos para fazê-lo, podemos, pelo menos, pensar nos meios de difundi-lo entre o maior número possível de pessoas.

Esse erro está por trás das pequenas subdivisões do trabalho nas quais os sindicatos insistem. No setor de construção nas grandes cidades, a subdivisão é infame. Não se permite que assentadores de tijolos usem pedras em uma chaminé: isso é trabalho especial de pedreiros. Um eletricista não pode arrancar uma tábua para fazer uma ligação elétrica e colocá-la novamente no lugar: isso é tarefa especial de carpinteiros, mesmo que seja um trabalho muito simples. Um bombeiro hidráulico não tira nem repõe no lugar um ladrilho ao consertar um vazamento em um chuveiro: isso é tarefa de um ladrilheiro.

Furiosas lutas de "jurisdição" são travadas entre sindicatos pelo direito exclusivo de exercer certas tarefas limítrofes entre profissões. Em um relatório preparado para a Comissão da Procuradoria-geral sobre Procedimentos Administrativos pelas ferrovias norte-americanas, estas apresentaram inúmeros exemplos sobre os quais o Conselho Nacional de Ajuste das Ferrovias havia decidido

> [...] que cada operação distinta na estrada de ferro, por menor que seja, tal como falar ao telefone ou ligar ou desligar um interruptor, é função exclusiva de determinada classe de empregados, de tal modo que, se um empregado de outra classe, no decurso de suas obrigações regulares, executar tais operações, não só lhe deverá ser pago uma diária extra por fazê-las, como também aos membros da classe, não convocados ou desempregados, deverão ser pagos os salários de um dia por não terem sido chamados para executá--las.

É verdade que algumas pessoas podem lucrar à expensa das demais com essa pequenina e arbitrária subdivisão do trabalho – contanto que isso aconteça apenas no caso delas. Mas aqueles que a apoiam como prática geral não percebem que isso eleva sempre o custo da produção; que tem como resultado, no saldo líquido, menos trabalho efetuado e menor produção de bens. O proprietário de uma casa que foi forçado a empregar dois homens para fazer o trabalho de um na verdade está empregando um homem a mais. Com isso, porém, ficou com menos dinheiro para gastar com alguma coisa que lhe permitiria empregar mais alguém. Como seu banheiro foi consertado pelo dobro do preço que teria custado o serviço, ele resolve não comprar o novo suéter que desejava. A "mão de obra" não se encontra, assim, em melhor situação, porque o emprego de um dia de um ladrilheiro desnecessário significa o desemprego de um dia de um tecelão de suéteres ou de um operador de máquina. O proprietário da casa, entretanto, encontra-se em pior situação. Em vez de ter um chuveiro consertado e um suéter, tem o chuveiro e nenhum suéter. E se contarmos o suéter como parte da riqueza nacional, ficará o país com falta de um suéter. Isso simboliza o resultado líquido do esforço de gerar trabalho extra por meio da subdivisão arbitrária da mão de obra.

Há, entretanto, outros esquemas para "difundir o trabalho", quase sempre apresentados pelos porta-vozes de sindicatos e legisladores. O mais frequente é a proposta para abreviar a semana de trabalho, geralmente por lei. A crença de que isso "difundiria o trabalho" e "daria mais empregos" foi uma das principais razões subjacentes à inclusão do dispositivo da penalidade por horas extras na Lei Federal sobre o salário-hora. A legislação anterior no nível estadual, que proibia o emprego de mulheres ou de menores por mais de, digamos, 48 horas semanais, baseava-se na convicção de que um número maior de horas prejudicava a saúde e o moral. Parte dessa lei baseava-se na crença de que um número maior de horas de trabalho prejudicava a eficiência. Mas o dispositivo da lei federal, segundo o qual um empregador deve pagar ao operário 50% de prêmio acima de seu salário regular por todas as horas que ele trabalhou acima de 40 em qualquer semana, não se baseava, primariamente, na crença de que 45 horas por semana, digamos, era prejudicial fosse à saúde, fosse à eficiência. Ele foi incluído, em parte, na esperança de elevar o rendimento semanal do operário e, em parte, na esperança de que, desestimulando o patrão a empregar alguém regularmente por mais de 40 horas por semana, a lei o forçaria, assim, a empregar mais operários. No momento em que escrevo este livro, existem muitos esquemas para "evitar desemprego", decretando uma semana de 30 horas de trabalho ou uma semana de quatro dias.

Qual é o verdadeiro efeito de tais planos, se levados a cabo por sindicatos ou pela legislação? O problema será esclarecido se considerarmos dois casos. O primeiro consiste em reduzir a semana de trabalho padrão de 40 horas para 30, sem qualquer mudança do salário-hora. O segundo consiste em reduzir a semana de trabalho de 40 para 30 horas, mas com um aumento suficiente do salário-hora, a fim de manter o mesmo salário semanal para os operários individuais já empregados.

Consideremos o primeiro caso. Admitamos que a semana de trabalho seja reduzida de 40 horas para 30, sem modificação do salário-hora. Se houver um desemprego substancial quando este plano for posto em prática, o plano proporcionará, sem dúvida, empregos adicionais. No entanto, não podemos supor que proporcione um número suficiente de empregos adicionais para manter a mesma folha de pagamento e o mesmo número de homens-hora como anteriormente, a menos que façamos suposições improváveis de que, em cada indústria, haja exatamente a mesma porcentagem de desemprego, e que os novos homens e mulheres empregados não sejam, em média, menos eficientes em suas tarefas especiais do que os que já estavam empregados. Mas suponhamos que aceitemos tais suposições, e que haja o número certo de operários adicionais de cada ofício, e que os novos empregados não elevem o custo da produção. Qual será o resultado de reduzir a semana de trabalho de 40 horas para 30 (sem qualquer aumento do salário-hora)?

Embora um maior número de operários seja empregado, cada um estará trabalhando um número menor de horas, e não haverá, portanto, nenhum aumento líquido em homens-hora.

Não é provável que haja um aumento significativo na produção. A folha de pagamento total e "o poder aquisitivo" não serão maiores. Tudo o que terá acontecido, mesmo sob as mais favoráveis hipóteses (que dificilmente se concretizariam) é que os operários anteriormente empregados subsidiarão, de fato, os que estavam anteriormente desempregados. Pois, a fim de que os novos empregados recebam, individualmente, três quartos de tantos dólares por semana quanto os antigos costumavam receber, estes últimos agora receberão, individualmente, apenas três quartos do salário semanal que anteriormente recebiam. É verdade que os antigos operários trabalharão, então, um número menor de horas; mas essa compra de mais tempo livre a um preço alto presumivelmente não será uma decisão que teriam tomado em benefício próprio: é um sacrifício feito para proporcionar empregos a *outrem*.

Os líderes dos sindicatos trabalhistas que exigem semanas mais curtas a fim de "difundir o trabalho" geralmente reconhecem esse ponto, e, portanto, apresentam a proposta sob uma forma na qual é se supõe que todos tenham o direito de comer seu pedaço do bolo e ainda assim tê-lo intacto. Reduzam a semana de trabalho de 40 horas para 30, dizem-nos, a fim de proporcionar mais empregos; mas compensem a semana mais curta *aumentando* em 33,33% o salário-hora. Os operários empregados, digamos, estavam anteriormente ganhando uma média de US$226 por semana de 40 horas; a fim de que possam ainda ganhar US$226 trabalhando apenas 30 horas por semana, deve-se aumentar o salário-hora para uma média de US$7,53.

Quais seriam as consequências de tal plano? A primeira e mais óbvia seria elevar o custo da produção. Se admitirmos que os trabalhadores, quando anteriormente empregados por 40 horas, estavam ganhando menos do que o nível dos custos de produção, os preços e os lucros tornavam possível, eles poderiam então ter um aumento do salário-hora *sem* uma redução da jornada de trabalho. Em outras palavras, eles poderiam ter trabalhado o mesmo número de horas e recebido seu rendimento semanal total *aumentado em um terço*, em vez de receber, apenas, como acontece sob a nova semana de 30 horas, o mesmo rendimento semanal anterior. Porém, se, pela semana de 40 horas, os operários já estavam recebendo um salário tão elevado quanto o nível dos custos de produção e preços tornavam possível (e o próprio desemprego que estão procurando eliminar talvez seja sinal de que já estavam recebendo ainda mais do que isso), então o aumento no custo de produção, como resultado do aumento de 33,33% do salário-hora, será muito maior do que a situação atual dos preços, da produção e dos custos pode suportar.

O resultado desse índice mais alto de salário será, portanto, um desemprego muito maior do que antes. As firmas menos eficientes serão eliminadas, e os operários menos eficientes perderão o emprego. A produção ficará reduzida em todos os setores. O custo de produção mais elevado e ofertas mais escassas tenderão a elevar os preços, de modo que os operários poderão comprar menos com os mesmos salários; por outro lado, o aumento do desemprego diminuirá a demanda e, com isso, tenderá a reduzir os preços. O que finalmente acontecerá aos preços das mercadorias dependerá da política monetária então seguida. Porém, se for posta em prática uma política de inflação monetária que possibilite a elevação dos preços, a fim de que se possa pagar um salário--hora maior, ela será apenas um meio disfarçado de reduzir os índices do salário *real*, e assim voltar, em termos da quantidade de mercadorias que podem ser compradas, ao mesmo índice real anterior. O resultado seria, então, o mesmo do que aquele em que a semana de trabalho foi reduzida *sem* aumento do salário-hora. E os resultados disso já foram discutidos.

Os esquemas de "difusão do trabalho", em resumo, apoiam-se na mesma espécie de ilusão por nós já considerada. As pessoas que os defendem pensam apenas no emprego que eles talvez proporcionariam a determinadas pessoas ou grupos; não chegam a considerar qual seria o efeito completo sobre todos.

Os esquemas de "difusão do trabalho" apoiam-se, também, conforme começamos a assinalar, na falsa ideia de que há uma quantidade fixa de trabalho a ser feito. Não poderia haver maior falácia do que essa. Não há limite à quantidade de trabalho a ser feito enquanto qualquer necessidade ou desejo humanos que o trabalho possa preencher permanecerem insatisfeitos. Em uma economia moderna de intercâmbio, a maior quantidade de trabalho será realizada quando preços, custos e salários guardarem entre si a melhor das relações. Consideraremos mais adiante que relações são essas.

Capítulo 9 | A Dispersão de Tropas e de Burocratas

I

Quando, depois de cada grande guerra, é proposta a desmobilização das Forças Armadas, há sempre um grande receio de que não haja número suficiente de empregos para os componentes dessas forças e que, em consequência, eles ficarão desempregados. É verdade que, quando milhões de homens são dispensados subitamente, talvez demande tempo para que a indústria privada os reabsorva – se bem que, no passado, foi realmente extraordinária a rapidez, e não a lentidão, com que isso foi realizado. O receio do desemprego surge porque as pessoas encaram somente um único aspecto do processo.

Elas veem soldados sendo soltos no mercado de trabalho. De onde virá o "poder aquisitivo" para empregá-los? Se admitirmos que o orçamento público está sendo equilibrado, a resposta é simples. O governo deixará de sustentar os soldados. Mas será permitido aos contribuintes reter os fundos que anteriormente lhes eram tomados para manter os soldados. E os contribuintes terão, assim, fundos adicionais para comprar bens adicionais. Em outras palavras, a demanda dos civis aumentará, e dará emprego à nova força de trabalho representada pelos soldados.

Se os soldados foram sustentados por um orçamento não equilibrado – isto é, por empréstimos feitos pelo governo e outras formas de financiamento deficitário –, o caso é um tanto diferente. Isso, porém, suscita uma questão diferente: consideraremos os efeitos do financiamento deficitário em um capítulo posterior. Basta reconhecer que o financiamento deficitário é irrelevante para o argumento que acabou de ser feito; pois, se admitirmos que haja qualquer vantagem em um déficit orçamentário, então precisamente este mesmo déficit orçamentário poderia ser mantido como antes simplesmente por meio da redução dos impostos pela importância anteriormente despendida na manutenção do Exército em tempo de guerra.

A desmobilização, entretanto, não nos deixará economicamente exatamente onde estávamos antes de ela ter sido posta em prática. Os soldados, anteriormente sustentados pelos civis, não se tornarão simplesmente civis sustentados por outros civis. Eles se tornarão civis que sustentarão a si mesmos. Se admitirmos que os homens que, do contrário, teriam ficado retidos nas Forças Armadas, não são mais necessários para a defesa, então sua retenção teria sido puro desperdício. Eles teriam ficado improdutivos. Os contribuintes nada teriam recebido por sustentá-los. Mas, agora, entregam-lhes essa parte de seus fundos como concidadãos civis, em troca de bens ou serviços equivalentes. A produção nacional total, a riqueza de todos, aumenta.

II

O mesmo raciocínio se aplica aos funcionários civis do governo, sempre que são mantidos em número excessivo e não executam serviços para a comunidade razoavelmente equivalentes à remuneração que recebem. No entanto, sempre que se faz qualquer esforço para reduzir o número de funcionários desnecessários, é certo que haverá protestos afirmando que esse ato é "deflacionário". Você gostaria de eliminar o "poder aquisitivo" desses funcionários? Você desejaria prejudicar os proprietários e negociantes que dependem desse poder aquisitivo? Você está simplesmente mutilando a "renda nacional" e contribuindo para causar ou intensificar uma depressão.

Mais uma vez, a falácia resulta do fato de se encarar os efeitos desse ato somente sobre os próprios funcionários demitidos e sobre os comerciantes específicos que deles dependem. Mais uma vez, se esquece que, se esses burocratas não forem mantidos nos cargos, será permitido aos contribuintes conservar o dinheiro que, anteriormente, lhes fora tirado para sustentar os burocratas. Novamente, se esquece que a renda e o poder aquisitivo dos contribuintes se elevam pelo menos tanto quanto os dos antigos funcionários decaem. Se determinados comerciantes, que antigamente vendiam a esses burocratas, perdem negócios, outros comerciantes, em outra parte, chegarão a ganhar pelo menos o mesmo. Washington será menos próspera e poderá, talvez, sustentar menos lojas; outras cidades, porém, poderão sustentar um número maior.

Mais uma vez, porém, a questão não termina aí. O país não só fica igualmente bem sem os funcionários supérfluos quanto se os tivesse mantido. Ele fica em condições muito melhores, pois os funcionários precisarão procurar empregos particulares ou estabelecer negócios privados. E o poder aquisitivo adicional dos contribuintes, conforme notamos no caso dos soldados, estimulará isto. Mas os funcionários só poderão trabalhar em empregos privados se oferecerem serviços equivalentes a quem os empregar – ou melhor, aos fregueses dos empregadores que lhes derem emprego. Em vez de serem parasitas, tornam-se homens e mulheres produtivos.

Devo insistir novamente que, em tudo isso, não estou me referindo aos funcionários públicos cujos serviços são realmente necessários. Policiais, bombeiros, lixeiros, funcionários do serviço sanitário, juízes, legisladores e diretores de repartições são necessários e executam serviços produtivos tão importantes quanto os de qualquer pessoa na indústria privada. Eles tornam possível à indústria privada funcionar em uma atmosfera de lei, ordem, liberdade e paz. Sua justificação está, porém, na utilidade de seus serviços. Ela não consiste no "poder aquisitivo" que eles têm pelo fato de constarem das folhas de pagamento do funcionalismo público.

Esse argumento do "poder aquisitivo" é, quando seriamente considerado, fantástico. Ele poderia ser igualmente aplicado a um estelionatário ou a um ladrão que assalte você. Depois que toma seu dinheiro, ele fica com um poder aquisitivo maior, com o qual sustenta bares, restaurantes, boates, alfaiates, e, talvez, operários da indústria automobilística. Contudo, para cada empregado que ele sustenta com suas despesas, você, ao gastar menos, sustentará um número menor de trabalhadores, pois terá menos dinheiro para gastar. Da mesma forma, os contribuintes geram um emprego a menos para cada emprego mantido pelo dispêndio dos funcionários públicos. Quando seu dinheiro é tomado por um ladrão, você não recebe nada em troca. Quando seu dinheiro é tomado por meio de impostos para sustentar burocratas desnecessários, ocorre precisamente a mesma situação. Temos realmente sorte se os burocratas desnecessários forem simples mandriões indolentes. Hoje em dia, é mais provável que sejam reformadores enérgicos atarefados em desestimular e em perturbar a produção.

Quando não podemos encontrar nenhum argumento melhor para a manutenção de qualquer grupo de funcionários públicos além do de manter o poder aquisitivo deles, isso é um sinal de que chegou o momento de nos livrarmos deles.

Capítulo 10 | O Fetiche do Pleno Emprego

O objetivo econômico de qualquer nação, assim como o de qualquer indivíduo, é obter os melhores resultados com o mínimo de esforço. Todo progresso econômico da humanidade consiste em se obter mais produção com o mesmo trabalho. É por essa razão que os homens começaram a colocar cargas no lombo das mulas, em vez de colocá-las nas próprias costas; que inventaram a roda e a carroça, a estrada de ferro e o caminhão. É por essa razão que os homens usaram sua criatividade para desenvolver cem mil invenções para poupar trabalho.

Tudo isso é tão elementar que sentiríamos vergonha em dizê-lo, se não fosse frequentemente esquecido por aqueles que fabricam e fazem circular novos *slogans*. Traduzido em termos nacionais, esse primeiro princípio significa que nosso verdadeiro objetivo é maximizar a produção. Fazendo isto, o pleno emprego – isto é, a ausência de ociosidade involuntária – torna-se um subproduto necessário. Mas a produção é o fim, e o emprego é meramente o meio. Não podemos ter continuamente a mais plena produção sem pleno emprego. Mas podemos, muito facilmente, ter pleno emprego sem plena produção.

As tribos primitivas vivem nuas, miseravelmente alimentadas e abrigadas, mas não sofrem de desemprego. A China e a Índia são incomparavelmente mais pobres do que nós, mas o principal mal do qual sofrem são os métodos primitivos de produção (ambos causa e consequência da escassez de capital), e não o desemprego. Nada é mais fácil de se conseguir do que o pleno emprego, uma vez que ele esteja divorciado do objetivo de produção plena e for considerado um fim em si. Hitler proporcionou pleno emprego graças a um gigantesco programa armamentista. A Segunda Guerra Mundial proporcionou pleno emprego a todas as nações nela envolvidas. A mão de obra escrava na Alemanha teve pleno emprego. Prisões e levas de condenados a trabalhos forçados, acorrentados uns aos outros, têm pleno emprego. A coerção pode proporcionar, sempre, pleno emprego.

Nossos legisladores, no entanto, não apresentam no Congresso projetos de leis para Produção Plena, e sim para Pleno Emprego. Até memso comissões de homens de negócios recomendam "uma Comissão Presidencial para Pleno Emprego", e não para Produção Plena, ou mesmo para Emprego e Produção Plenos. Em toda parte, constrói-se o meio sobre o fim, e o próprio fim é esquecido.

Discute-se salários e emprego, como se eles não tivessem relação alguma com a produtividade e a produção. Na suposição de que haja uma única quantidade fixa de trabalho a ser feita, a conclusão à qual se chega é a de que uma semana de 30 horas proporcionará mais empregos e, portanto, será preferível a uma semana de 40 horas. Tolera-se confusamente uma centena de práticas de sindicatos trabalhistas que visam a obrigar a dar trabalho. Quando um James C. Petrillo (1892-1984) ameaça pôr fora de atividade uma estação radiofônica a menos que ela empregue o dobro de músicos de que necessita, ele é apoiado por parte do público, porque, afinal de contas, está apenas procurando criar empregos. Quando havia a WPA[11], considerava-se um sinal do gênio dos administradores pensar em projetos que empregassem o maior número de homens em relação ao valor do trabalho realizado – em outras palavras, nos quais a mão de obra fosse menos eficiente.

Seria muito melhor se fosse esta a alternativa – a qual não o é: ter o máximo de produção, com parte da população sustentada na ociosidade por meio de franca assistência, em vez de proporcionar "pleno emprego", mediante tantas formas disfarçadas de obrigação de dar trabalho que a produção acaba ficando desorganizada. O progresso da civilização tem significado redução de emprego, e não seu aumento. É porque os Estados Unidos se tornaram cada vez mais ricos como nação que eles puderam praticamente eliminar o trabalho infantil, eliminar a necessidade de trabalho para a maioria das pessoas de idade, e tornar desnecessário que milhões de mulheres procurassem empregos. Uma proporção da população dos Estados Unidos muito menor do que, digamos, a da China ou a da Rússia, é a que precisa trabalhar. A verdadeira questão não é se haverá muitos milhões de empregos nos Estados Unidos daqui a dez anos, e sim quanto deveremos produzir e qual será, em consequência, nosso padrão de vida? O problema de distribuição, no qual toda a ênfase é posta hoje, é, afinal de contas, mais facilmente resolvido, quanto mais haja para distribuir.

Podemos esclarecer nosso pensamento se colocarmos nossa principal ênfase no lugar em que deve estar – em políticas que maximizarão a produção.

---

[11] Works Progress Administration (Administração do Progresso de Trabalho). (N. T.)

Capítulo 11 | Quem é "Protegido" Pelas Tarifas?

I

Uma simples exposição da política econômica dos governos, em todo o mundo, é de causar desespero a qualquer pessoa que estuda seriamente economia. É provável que tal pessoa pergunte qual o sentido de discutir aprimoramentos e progressos da teoria econômica quando o pensamento do povo e as políticas efetivas dos governos, definitivamente com relação a tudo o que se ligue às relações internacionais, ainda não alcançaram Adam Smith? Pois as tarifas e as políticas comerciais de hoje em dia não só são tão ruins quanto as dos séculos XVII e XVIII: são incomparavelmente piores. As razões, quer verdadeiras, quer alegadas, para essas tarifas e outras barreiras comerciais são também as mesmas.

Desde que apareceu, há mais de dois séculos, *A Riqueza das Nações*, as defesas dos argumentos a favor do livre comércio têm sido discutidas milhares de vezes, mas talvez nunca com mais direta simplicidade e força do que naquela obra. Em geral, Smith apoiava sua tese em uma proposição fundamental:

Em todo país, sempre é e deve ser do interesse da grande massa do povo comprar o que quer que se deseje daqueles que vendam mais barato. Esta afirmação é tão evidente' – continuou Smith – 'que parece ridículo esforçar-se em prová-la; nem seria jamais suscitada não fosse pela sofisticaria de negociantes e fabricantes interessados, que confundem o senso comum da humanidade.

Sob outro ponto de vista, considerava-se o livre comércio um aspecto da especialização do trabalho:

> É máxima de todo chefe de família prudente jamais tentar fabricar em casa o que lhe custará mais fabricar do que comprar. O alfaiate não procura fabricar seus sapatos; adquire-os do sapateiro. Este não procura fazer sua roupa; emprega, para isso, o alfaiate. O fazendeiro não procura fazer nem uma nem outra coisa; emprega ambos os artífices. Todos eles julgam de seu interesse empregar toda a sua engenhosidade de modo a terem certa vantagem sobre os vizinhos, e comprar, com parte de sua produção, ou, o que é o mesmo, com o preço de parte dela, tudo o mais de que tenham necessidade. O que é prudência na conduta de toda família particular dificilmente poderá ser loucura na de um grande reino.

Mas o que levou as pessoas a presumir que o que era prudência na conduta de toda família particular *poderia* ser loucura na de um grande reino? Foi toda uma rede de falácias, da qual a humanidade ainda não conseguiu se desvencilhar. E a principal delas era a falácia fundamental da qual este livro trata. Ela consistia em considerar somente os efeitos imediatos de uma tarifa sobre determinados grupos e esquecer seus efeitos em longo prazo sobre toda a comunidade.

II

Um fabricante americano de suéteres de lã vai ao Congresso ou ao Departamento de Estado e diz à comissão ou aos funcionários interessados que seria um desastre nacional, para eles, eliminar ou reduzir as tarifas sobre os suéteres ingleses. Ele vende agora seus suéteres a US$30 cada, mas os fabricantes ingleses poderiam vender os deles, da mesma qualidade, a US$25. É necessária, portanto, uma tarifa aduaneira de US$5 para que ele possa permanecer em atividade. Ele não está pensando em si, é claro, mas nos mil homens e mulheres que emprega, e nas pessoas para quem seus gastos, por sua vez, proporcionam emprego. Se eles perderem o trabalho, haverá desemprego e queda do poder aquisitivo, os quais se espalharão em círculos cada vez maiores. Podendo provar que, realmente, será forçado a abandonar o mercado se a tarifa for eliminada ou reduzida, seus argumentos serão considerados conclusivos pelo Congresso.

Mas a falácia consiste em considerar apenas esse fabricante e seus empregados, ou apenas a indústria norte-americana de suéteres. Ela é fruto de se observar apenas os resultados vistos imediatamente, e de negligenciar aqueles que não são vistos porque estão impedidos de surgir.

Os lobistas de tarifas protecionistas estão constantemente apresentando argumentos que, fatualmente, não são corretos. Mas admitamos que os fatos, nesse caso, sejam precisamente como o fabricante de suéteres os apresentou. Admitamos que ele de fato necessite de uma tarifa de US$5 para permanecer no mercado e proporcionar emprego a seus operários na fabricação de suéteres.

Escolhemos deliberadamente o exemplo mais desfavorável de todos para a eliminação de uma tarifa. Não usamos um argumento para a imposição de uma nova tarifa a fim de fazer surgir uma nova indústria, mas um argumento para manter uma tarifa *que já fizera surgir uma indústria,* tarifa esta que não pode ser revogada sem prejudicar alguém.

Revoga-se a tarifa; o fabricante vai à falência; mil operários são dispensados; os comerciantes de quem eles eram clientes ficam prejudicados. É esse o resultado imediato que se vê. Mas há, também, resultados que, embora mais difíceis de rastrear, não são menos imediatos nem menos reais, pois agora os suéteres, que antigamente custavam no varejo US$30 cada, podem ser comprados por US$25. Os consumidores podem, agora, adquirir suéteres da mesma qualidade por menos dinheiro, ou suéteres de qualidade muito melhor pelo mesmo dinheiro. Se compram a mesma qualidade de suéter, não só obtêm o suéter, como ainda lhes sobram US$5, os quais não teriam sob as condições anteriores, para comprar mais alguma coisa. Com os US$25 que pagam pelo suéter importado, contribuem para o emprego de operários – conforme o fabricante americano, sem dúvida, previu – da indústria de suéteres da Inglaterra. Com os US$5 que sobraram, contribuem para o emprego em quaisquer outras indústrias dos Estados Unidos.

Mas os resultados não terminam aí. Ao comprar suéteres ingleses, os consumidores estão fornecendo aos ingleses dólares para que eles adquiram mercadorias americanas. É este, na realidade (caso eu possa desconsiderar aqui certas complicações, como taxas de câmbio flutuantes, empréstimos, créditos etc.), o único meio pelo qual os ingleses podem, no fim das contas, utilizar estes dólares. Pelo fato de termos permitido aos ingleses vender mais para nós, eles podem agora comprar mais de nós. No final das contas, eles são realmente *forçados* a comprar mais de nós se não quiserem que seus saldos em dólares permaneçam permanentemente sem uso. Assim, como resultado da permissão de uma maior entrada de mercadorias inglesas, o país tem de exportar mais mercadorias norte-americanas. E, embora um número menor de pessoas esteja empregado na indústria norte-americana de suéteres, um número maior de pessoas está empregado – e muito mais eficientemente – digamos, na indústria norte-americana de fabricação de aeronaves ou de máquinas de lavar roupa. No saldo líquido, o emprego nos Estados Unidos não foi reduzido, e os Estados Unidos e a Inglaterra aumentaram sua produção. A mão de obra em cada um desses países está mais plenamente empregada, fazendo justamente as coisas que faz melhor, em vez de ser obrigada a fazer o que talvez fizesse mal ou de modo ineficiente. Consumidores de ambos os países ficam em melhor situação. Eles podem comprar o que quiserem, e nos lugares onde podem fazê-lo pelo preço mais baixo. Os consumidores americanos ficam mais bem providos de suéteres, e os ingleses, de aeronaves e de máquinas de lavar roupa.

III

Consideremos agora a questão sob o aspecto contrário, e vejamos o efeito de se impor, em primeiro lugar, uma tarifa. Suponhamos que não houvesse tarifa alguma sobre mercadorias estrangeiras de malha, que os norte-americanos estivessem acostumados a comprar suéteres estrangeiros, isentos de tarifas aduaneiras, e que fosse levantado o argumento de que poderíamos *criar uma indústria de suéteres*, impondo uma tarifa de US$5 por suéter importado.

É lógico que não haveria nada de errado nesse argumento ao ser assim apresentado. Com isso, custo dos suéteres ingleses para o consumidor americano talvez subisse tanto que os fabricantes norte-americanos achariam vantajoso entrar no mercado de suéteres. Mas os consumidores norte-americanos seriam forçados a subsidiar essa indústria. Para cada suéter norte-americano que comprassem, eles seriam efetivamente obrigados a pagar um imposto de US$5, o qual lhes seria cobrado por meio do preço mais alto da nova indústria de suéteres.

Norte-americanos que antes não seriam empregados nessa indústria agora o serão. Até este ponto, tudo isso é verdade. Mas não haveria um aumento líquido de indústrias e de emprego no país. Como o consumidor norte-americano teria que pagar US$5 a mais pela mesma qualidade de suéter, lhe faltaria a mesma quantia para comprar qualquer outra coisa. Ele teria que cortar US$5 de seus gastos em outro lugar. A fim de que só aquela indústria pudesse se desenvolver ou passar a existir, centenas de outras teriam que se retrair. A fim de que 50 mil pessoas pudessem ser empregadas em uma indústria de suéteres, 50 mil pessoas a menos seriam empregadas em outra indústria qualquer.

Mas a nova indústria seria *visível*. Seria muito fácil contar o número de seus empregados, o capital investido, e o valor de mercado em termos de dólares de seus produtos. Os vizinhos poderiam ver, todos os dias, a entrada e a saída dos operários da fábrica de suéteres. Os resultados seriam palpáveis e diretos. Mas o retraimento de uma centena de outras indústrias e a perda de 50 mil outros empregos em outros setores não seriam tão facilmente percebidos. Seria impossível, mesmo para o mais engenhoso estatístico, saber com precisão qual teria sido a incidência da perda de outros empregos – precisamente quantos homens e mulheres teriam sido dispensados de cada indústria específica, ou quantos negócios cada uma dessas indústrias teria perdido – porque os consumidores tiveram que pagar mais por seus suéteres. Isso porque um prejuízo distribuído por todas as outras atividades produtivas do país seria relativamente diminuta para cada uma delas. Seria impossível para qualquer pessoa saber precisamente como cada consumidor *teria* despendido seus US$5 a mais caso lhe tivesse sido permitido conservá-los. A maioria do povo, portanto, sofreria provavelmente da ilusão de ótica de que a nova indústria não nos custara nada.

IV

É importante observar que a nova tarifa sobre os suéteres não elevaria os salários do operariado norte-americano. É claro que ela possibilitaria aos norte-americanos trabalhar na *indústria de suéteres* recebendo aproximadamente o mesmo nível médio dos salários norte-americanos (para operários com essa habilidade), em vez de terem que concorrer nessa indústria no nível dos salários ingleses. Mas não haveria aumento *geral* nos salários norte-americanos como resultado da tarifa, pois, conforme vimos, não haveria qualquer aumento líquido no número de empregos, nenhum aumento líquido na demanda por mercadorias, e nenhum aumento na produtividade do trabalho. Como resultado da tarifa, esta produtividade seria, de fato, *reduzida*.

E isto nos traz às verdadeiras consequências de uma barreira tarifária. Não se trata simplesmente do fato de que todos os seus ganhos visíveis são anulados por perdas menos óbvias, porém não menos reais. A barreira resulta, na verdade, em uma perda líquida para o país, pois, contrariamente a séculos de propaganda interessada e de confusão desinteressada, a tarifa *reduz* o nível norte-americano de salários.

Observemos mais claramente como isso acontece. Já vimos que o acréscimo no preço pago pelos consumidores por um artigo protegido por uma tarifa os priva de recursos, na mesma medida para a aquisição de todos os outros artigos. Não há, portanto, um acréscimo líquido na indústria como um todo. Porém, como resultado da barreira artificial imposta às mercadorias estrangeiras, o trabalho, o capital e a terra nos Estados Unidos são desviados daquilo que pode ser feito com maior eficiência para o que é feito com menos eficiência. Portanto, como resultado da barreira tarifária, a produtividade média do trabalho e do capital é reduzida.

Se encararmos agora a questão do ponto de vista do consumidor, veremos que ele pode comprar menos com seu dinheiro. Tendo que pagar mais pelos suéteres e outros artigos protegidos por tarifas, compra menos de tudo o mais. O poder aquisitivo geral de sua renda ficou, portanto, reduzido. Se o efeito líquido da tarifa for o de baixar os salários diretos ou elevar os valores monetários, tais alternativas dependerão das políticas monetárias postas em prática. Mas é evidente que a tarifa – embora possa aumentar os salários acima do que teriam sido *nas indústrias protegidas* –, deve, no saldo líquido, quando *todas as ocupações* são consideradas, *reduzir os salários reais* – reduzi-los, isto é, em comparação com o que teriam sido de outro modo.

Só mentes corrompidas por gerações de propaganda enganosa é que podem considerar paradoxal essa conclusão. Que outro resultado poderíamos esperar de uma política de usar deliberadamente nossos recursos de capital e de força de trabalho de modo menos eficiente do que aquele com o qual sabemos usá-los? Que outro resultado poderíamos esperar erguendo, deliberadamente, obstáculos artificiais ao comércio e aos transportes?

Pois a criação de barreiras alfandegárias tem o mesmo efeito da construção de barreiras reais. É significativo que os protecionistas utilizem habitualmente a linguagem de guerra. Falam em "repelir uma invasão" de produtos estrangeiros. E os meios que sugerem para isso no campo fiscal se assemelham aos do campo de batalha. As barreiras alfandegárias erguidas para repelir a invasão são como armadilhas antitanque, trincheiras e emaranhados de arame farpado para repelir ou dificultar a tentativa de invasão de um exército estrangeiro.

E assim como o exército estrangeiro é obrigado a empregar meios mais dispendiosos para vencer esses obstáculos – tanques maiores, detectores de minas, corpo de engenheiros para cortar arame, atravessar riachos a vau e construir pontes –, meios de transporte mais eficientes e mais dispendiosos para vencer os obstáculos alfandegários têm de ser desenvolvidos. Por um lado, procuramos reduzir o custo dos transportes entre a Inglaterra e os Estados Unidos, ou entre o Canadá e os Estados Unidos, construindo aviões e navios mais rápidos e mais eficientes, estradas e pontes melhores, locomotivas e caminhões melhores. Por outro lado, neutralizamos esse investimento em transporte eficiente com uma tarifa que torna comercialmente ainda mais difícil do que antes transportar mercadorias. Barateamos em US$1 o transporte marítimo dos suéteres, e, depois, aumentamos em US$2 a tarifa para impedir que os suéteres sejam despachados por navio. Reduzindo a carga, que pode ser transportada com lucro, reduzimos o valor do investimento na eficiência do transporte.

V

A tarifa foi apresentada como um meio de beneficiar o produtor à custa do consumidor. Em certo sentido, isto está certo. Os que são a favor dela pensam apenas nos interesses dos produtores imediatamente beneficiados pelas tarifas especiais. Esquecem-se dos interesses dos consumidores, que ficam imediatamente prejudicados por serem forçados a pagar esses tributos. É errado, porém, pensar na questão da tarifa como se ela representasse um conflito entre os interesses da totalidade dos produtores e do conjunto de consumidores. É verdade que as tarifas, por definição, prejudicam todos os consumidores. E não é verdade que, por definição, beneficiem todos os produtores. Pelo contrário, elas auxiliam, conforme acabamos de ver, os produtores protegidos à custa de todos os demais produtores norte-americanos, e *especialmente dos que têm um mercado de exportação potencial relativamente grande.*

Podemos, talvez, tornar esse último argumento mais claro por meio de um exemplo exagerado. Suponhamos que elevemos de tal modo as barreiras alfandegárias que se torne completamente proibitivo importar quaisquer mercadorias do exterior. Suponhamos, como resultado disso, que o preço dos suéteres no país suba apenas US$5. Então, os consumidores norte-americanos, tendo que pagar US$5 a mais por um suéter, gastarão, em média, 5 centavos a menos em cada uma de cem outras indústrias norte-americanas. (Essas cifras foram escolhidas só para ilustrar um princípio: não haverá, naturalmente, tal distribuição simétrica do prejuízo; além disso, a própria indústria de suéteres será ainda prejudicada por causa da proteção dispensada a *outras* indústrias além dela. Mas podemos deixar de lado, por ora, essas complicações).

Ora, como indústrias estrangeiras verão seu mercado *totalmente* interrompido nos Estados Unidos, não conseguirão dólar de câmbio, e, consequentemente, *não poderão comprar nenhuma mercadoria norte-americana*. Como resultado disso, as indústrias norte-americanas sofrerão em proporção direta à porcentagem de suas vendas anteriormente feitas ao exterior. Em primeiro lugar, os mais prejudicados serão os produtores de algodão em rama, os produtores de cobre, os fabricantes de máquinas de costura, de máquinário agrícola, de máquinas de escrever, de aviões comerciais etc.

Uma barreira tarifária mais alta que não seja, porém, proibitiva, produzirá a mesma espécie de resultados, mas apenas em menor escala.

O efeito de uma tarifa, portanto, é modificar a *estrutura* da produção americana. Ela modifica o número e a espécie de ocupações, e o tamanho relativo de uma indústria em comparação a outra. Aumenta as indústrias em que somos comparativamente ineficientes, e reduz aquelas em que somos comparativamente eficientes. Seu efeito líquido, por conseguinte, é a redução da eficiência norte-americana, bem como a dos demais países com os quais, de outra forma, teríamos negociado com maior amplitude.

Em longo prazo, não obstante o sem-número de argumentos pró e contra uma tarifa é irrelevante para a questão dos empregos. (É verdade que *mudanças* súbitas nas tarifas, seja elevando-as, seja baixando-as, podem criar desemprego temporário, na medida em que acarretam mudanças correspondentes na estrutura da produção. Tais mudanças súbitas podem até mesmo causar uma depressão). Uma tarifa, entretanto, não é irrelevante para a questão dos salários. Em longo prazo, ela acaba sempre reduzindo os salários reais, uma vez que reduz a eficiência, a produção e a riqueza.

Assim, todas as principais falácias sobre tarifas originam-se da falácia fundamental da qual trata este livro. Elas são o resultado de somente se encarar os efeitos imediatos de uma única taxa tarifária sobre determinado grupo de produtores e de se esquecer dos efeitos em longo prazo sobre os consumidores, como um todo, e sobre todos os outros produtores.

(Ouço algum leitor perguntar: "Por que não solucionar isso dando proteção tarifária a *todos* os produtores?" Mas aqui a falácia está em que tal medida não pode ajudar uniformemente os produtores, e tampouco todos os produtores do país que já "vendem mais" do que os produtores estrangeiros: esses produtores eficientes necessariamente sofrerão com o desvio do poder aquisitivo provocado pela tarifa).

VI

Na questão das tarifas, devemos ter em mente uma precaução final. É a mesma precaução que achamos necessária ao examinarmos os efeitos da maquinaria. É inútil negar que uma tarifa de fato beneficia – ou, pelo menos, *possa* beneficiar – *interesses particulares*. A verdade é que ela os beneficia à *custa de todos os demais*. Mas realmente os beneficia. Se apenas uma indústria pudesse obter proteção alfandegária, ao mesmo tempo em que seus donos e operários desfrutassem os benefícios do livre comércio em tudo o mais que comprassem, essa indústria se beneficiaria, até mesmo no saldo líquido. No entanto, na medida em que se tente *estender* as bênçãos da tarifa, até mesmo às pessoas das indústrias protegidas, tanto os produtores quanto os consumidores, começam a sofrer com a proteção concedida a outras pessoas, e, no fim das contas, podem terminar em situação pior, até mesmo no balanço final, do que se nem elas e nem ninguém mais tivesse tal proteção.

Mas não devemos negar, como os entusiastas do livre comércio frequentemente fizeram, a possibilidade desses benefícios tarifários a grupos especiais. Não deveríamos fingir, por exemplo, que uma redução das tarifas auxiliaria a todos e não prejudicaria ninguém. É verdade que esta redução, no balanço líquido, auxiliaria o país. Mas *alguém* ficaria prejudicado. Grupos que anteriormente gozassem de elevada proteção sairiam prejudicados. Essa é, na realidade, uma razão pela qual a princípio não convém gerar tais interesses protegidos. Mas a clareza e a candura de pensamento obrigam-nos a ver e a reconhecer que algumas indústrias têm razão quando dizem que a revogação da tarifa sobre seu produto as eliminaria do mercado e ocasionaria o desemprego de seus operários (pelo menos temporariamente). E se seus trabalhadores tiverem desenvolvido habilidades especializadas, podem até mesmo sofrer permanentemente, ou até que tenham, por fim, desenvolvido outras habilidades de mesmo nível. Ao rastrear os efeitos das tarifas, assim como fizemos com os efeitos da maquinaria, deveríamos esforçar-nos para ver *todas* as principais consequências, tanto em curto quanto em longo prazo, sobre *todos* os grupos.

Como pós-escrito deste capítulo, eu acrescentaria que seus argumentos não se voltam contra *todas* as tarifas, incluindo os tributos cobrados principalmente para aumentar a receita pública ou para manter indústrias necessárias à guerra; nem se voltam contra todos os argumentos a favor das tarifas. Eles simplesmente se voltam contra a falácia de que uma tarifa, no saldo líquido, "proporciona emprego", "eleva os salários" ou "protege o padrão de vida norte-americano". A tarifa não faz nada disso; e, no que diz respeito aos salários e ao padrão de vida, faz justamente o contrário. Mas um exame da tributação imposta para outros fins ultrapassaria o presente tópico.

Tampouco precisamos examinar aqui o efeito das cotas de importação, dos controles do câmbio, do bilateralismo e de outros meios de reduzir, desviar ou impedir o comércio internacional. Tais mecanismos, em geral, têm os mesmos efeitos das tarifas elevadas ou proibitivas, e, muitas vezes, efeitos ainda piores. Eles apresentam problemas mais complicados, mas seus resultados líquidos podem ser rastreados por meios da mesma espécie de raciocínio que acabamos de aplicar às barreiras tarifárias.

Capítulo 12 | A Pulsão de Exportar

Somente o medo patológico das importações, que afeta todas as nações, excede o desejo ardente e patológico por exportações. Logicamente, é verdade, nada poderia ser mais inconsistente. No longo prazo, a importação e a exportação devem se igualar (considerando-se ambas no sentido lato, que inclui itens "invisíveis", como gastos de turistas, taxas de frete marítimo e todos os outros itens na "balança de pagamentos"). São as exportações que pagam pelas importações, e vice-versa. Quanto mais exportamos, tanto mais devemos importar, se esperamos algum dia ser pagos. Quanto menos importamos, tanto menos podemos exportar. Sem importar, não se pode exportar, pois os estrangeiros não terão fundos com os quais possam comprar nossas mercadorias. Quando decidimos reduzir a importação, estamos, na verdade, decidindo reduzir também a exportação. Quando decidimos aumentar a exportação, estamos na realidade decidindo também aumentar a importação.

A razão disso é elementar. Um exportador norte-americano vende suas mercadorias a um importador inglês e é pago em libras esterlinas. Entretanto, com essas libras esterlinas, ele não pode pagar os salários de seus operários, ou comprar os vestidos da esposa ou entradas de teatro. Para todos esses fins, ele necessita de dólares norte-americanos. Suas libras inglesas, portanto, de nada lhe servem, a menos que delas se utilize para adquirir mercadorias inglesas, ou as vendas (por meio de seu banco ou de outro agente) a algum importador norte-americano que queira comprar mercadorias da Grã-Bretanha. O que quer que ele faça, a transação somente estará terminada quando a exportação tiver sido paga com uma importância equivalente de importações.

A mesma situação ocorreria se a transação tivesse sido realizada em termos de dólares norte-americanos, em vez de libras esterlinas. O importador inglês não poderia pagar o exportador norte-americano em dólares, a menos que algum exportador inglês anterior tivesse um crédito em dólares nos Estados Unidos, como resultado de alguma venda anterior. O comércio exterior é, em suma, uma transação de compensação na qual, nos Estados Unidos, as dívidas em dólares dos estrangeiros são canceladas ante seus créditos em dólares. Na Inglaterra, as dívidas em libras esterlinas são canceladas ante créditos em libras esterlinas.

Não há razão para entrar em detalhes técnicos a respeito de tudo isso, os quais poderão ser encontrados em qualquer bom livro didático sobre comércio exterior. Porém, deve-se destacar que nada há de inerentemente misterioso no tocante a essa questão (a despeito do mistério com que, quase sempre, ela é envolvida), que não difere, na essência, do que acontece no comércio interno. Cada um de nós precisa, também, vender alguma coisa, mesmo que, para a maioria de nós, se trate da venda de nossos serviços, em vez de mercadorias, a fim de obter poder aquisitivo para comprar. O comércio interno opera também, em geral, por meio da compensação de cheques e títulos uns contra os outros, por meio de câmaras de compensação.

É verdade que, na vigência do padrão-ouro internacional, os desequilíbrios do balanço de importações e exportações eram, às vezes, compensados por remessas de ouro. Mas também poderiam ser compensados por meio de carregamentos de algodão, aço, uísque, perfumes ou qualquer outra mercadoria. A principal diferença é que, quando há o padrão-ouro, a demanda por ouro é quase infinitamente dilatável (em parte porque ele é considerado e aceito como "moeda" internacional residual, em vez de apenas outra mercadoria), e que as nações não criam obstáculos artificiais para recebê-lo, como o fazem para receber praticamente qualquer outra coisa. (Por outro lado, nos últimos anos, deram para criar maiores obstáculos à *exportação* do ouro do que à exportação de qualquer outra coisa; isso, porém, é outra história).

Mas acontece que as mesmas pessoas que podem ser lúcidas e sensatas quando a questão é de comércio interno podem se tornar incrivelmente emocionais e teimosas quando a questão passa a ser de comércio exterior. Neste último campo, podem defender ou aceitar, seriamente, princípios que julgariam insanos se aplicados no comércio interno. Um exemplo típico é a crença de que o governo deve fazer vultosos empréstimos a países estrangeiros para aumentar as nossas exportações, independente da probabilidade de esses empréstimos serem ou não resgatados.

É claro que se deve permitir que os cidadãos americanos concedam empréstimos externos de seus capitais, por sua própria conta e risco. O governo não deve erguer barreiras arbitrárias contra empréstimos privados a países com os quais está em paz. Na condição de indivíduos, devemos estar dispostos a dar generosamente, somente por razões humanitárias, a povos que se encontrem em situação crítica ou em perigo de morrer de fome. Mas devemos sempre ter clareza quanto ao que estamos fazendo. Não é prudente fazer caridade a povos estrangeiros sob a impressão de que se está fazendo uma transação comercial obstinada com fins puramente egoístas. Isso só provocaria malentendidos e relações ruins no futuro.

Contudo, entre os argumentos apresentados a favor de vultosos empréstimos ao estrangeiro, é sempre certo que uma falácia ocupe um lugar proeminente. Ela funciona assim: mesmo que metade dos empréstimos (ou todos) que fizermos aos países estrangeiros azede e não seja resgatada, nossa nação ainda assim estará em melhor situação por tê-los feito, porque eles darão enorme impulso às nossas exportações.

Deveria ser imediatamente óbvio que, se os empréstimos que fazemos a países estrangeiros para que eles possam comprar nossas mercadorias não são pagos estamos dando mercadorias de graça. Uma nação não pode enriquecer dando mercadorias de graça. Ela pode somente empobrecer a si própria.

Ninguém duvida dessa proposição quando aplicada ao setor privado. Se uma companhia de automóveis empresta a um homem US$5.000 para comprar um carro por essa quantia, e o empréstimo não é resgatado, a companhia não se encontra em melhor situação por ter "vendido" o automóvel. Perdeu, simplesmente, o dinheiro que a fabricação do carro custou. Se este custou US$4.000 para ser fabricado e somente metade do empréstimo foi pago, então a companhia perdeu US$4.000 menos US$2.500, ou a importância líquida de US$1.500. Não compensou em negócios o que perdeu em maus empréstimos.

Se essa proposição é tão simples quando aplicada a uma empresa do setor privado, por que pessoas aparentemente inteligentes ficam confusas a respeito dela quando aplicada a uma nação? A razão é que, então, a transação deve ser rastreada mentalmente por meio de mais algumas fases. Um grupo de fato talvez obtenha lucros – ao passo que o restante de nós arcará com os prejuízos.

É verdade, por exemplo, que pessoas que se dedicam, exclusiva ou principalmente, a negócios de exportação possam, afinal, lucrar com o resultado de maus empréstimos feitos ao exterior. O prejuízo nacional na transação seria certo, mas talvez seja distribuído de tal modo que seria difícil acompanhá-la. Os prestamistas particulares sofreriam seus prejuízos diretamente. Os prejuízos do empréstimo governamental seriam pagos, em última instância, com o aumento da tributação imposta a todos. Mas haveria também muitos prejuízos indiretos, causados pelos efeitos desses prejuízos diretos sobre a economia.

Em longo prazo, as atividades econômicas e o emprego nos Estados Unidos ficariam prejudicados, e não auxiliados, por empréstimos ao exterior que não fossem resgatados. Para cada dólar extra que os compradores estrangeiros tivessem para a compra de mercadorias norte-americanas, os compradores internos teriam, no fim das contas, US$1 a menos. Negócios que dependem do comércio em longo prazo ficariam prejudicados na mesma medida em que os negócios que envolvem exportações seriam auxiliados. Mas até mesmo muitas empresas envolvidas com exportações ficariam prejudicadas no final das contas. As companhias americanas de automóveis, por exemplo, venderam cerca de 15% de sua produção no mercado estrangeiro em 1975. Não seria lucrativo para elas vender 20% de sua produção no exterior como resultado de maus empréstimos para estrangeiros se, por conta deles, perdessem, digamos, 10% de suas vendas nos Estados Unidos como resultado de impostos adicionais cobrados dos consumidores norte-americanos para compensar pelos empréstimos estrangeiros não pagos.

Nada disso significa, repito, que é imprudente fazer empréstimos ao estrangeiro; significa, simplesmente, que não podemos enriquecer concedendo maus empréstimos.

Pelas mesmas razões que é tolice dar falso estímulo às exportações fazendo maus empréstimos ou doações diretas a países estrangeiros, é tolice estimular exportações por meio de subsídios. O subsídio à exportação é um caso claro de dar ao estrangeiro alguma coisa por nada, vendendo-lhe mercadorias por um valor inferior ao que elas nos custaram para produzir. Trata-se de outro caso de procurar ficar rico dando mercadorias de graça.

Diante de tudo isso, o governo dos Estados Unidos há anos está envolvido em um programa de "auxílio econômico estrangeiro" que em grande parte consiste em doações diretas, de governo a governo, de muitos bilhões de dólares. Aqui, estamos interessados em apenas um aspecto desse programa: a ingenuidade de muitos de seus responsáveis, que acreditam ser esse um método inteligente ou, mesmo, necessário para "aumentar nossas exportações", e, assim, preservar a prosperidade e o emprego. Trata-se de mais uma forma da ilusão de que uma nação pode enriquecer dando coisas de graça. O que esconde a verdade de muitos patrocinadores do programa é que o que se dá diretamente não são as exportações propriamente ditas, mas o dinheiro com que comprá-las. É possível, portanto, que exportadores individuais lucrem no saldo líquido com o prejuízo nacional, se seu lucro individual com as exportações for maior do que sua quota de impostos para financiar o programa.

Aqui, temos apenas mais um exemplo do erro de contemplar somente o efeito imediato de uma política sobre um determinado grupo, e de não ter paciência, ou inteligência, de rastrear os efeitos em longo prazo dessa política sobre todos.

Se de fato examinarmos esses efeitos em longo prazo sobre todos, chegaremos a uma conclusão adicional – o oposto exato da doutrina que tem dominado o pensamento da maioria dos representantes dos governos durante séculos. Trata-se, como John Stuart Mill mostrou muito claramente, do fato de que o lucro real do comércio externo para qualquer país não está nas suas exportações, mas nas suas importações. Seus consumidores podem ou conseguir produtos estrangeiros a preços inferiores aos que conseguiriam no país, ou produtos que absolutamente não conseguiriam de produtores nacionais. Nos Estados Unidos, os exemplos de mais destaque são o café e o chá. De modo geral, a verdadeira razão de um país precisar de exportações é para conseguir pagar suas importações.

Capítulo 13 | A "Paridade" de Preços

I

Os interesses de determinados grupos, como a história das tarifas nos lembra, faz com que estes elaborem os mais engenhosos argumentos para defender porque eles devem ser objeto de especial solicitude. Seus porta-vozes apresentam um plano a favor deles; e parece a princípio tão absurdo que redatores desinteressados não se dão ao trabalho de revelá-lo. Mas os grupos interessados continuam a insistir no plano. A promulgação do plano faria tanta diferença ao seu próprio bem-estar imediato que eles podem se dar ao luxo de contratar economistas capacitados e peritos em relações públicas para propagá-lo a seu favor. O público ouve tantas vezes o argumento ser repetido, acompanhado de tal riqueza de impressionantes estatísticas, tabelas, e gráficos de curva e de pizza, que acaba sendo ludibriado. Quando os redatores desinteressados por fim reconhecem ser real o risco da promulgação do plano, isso em geral ocorre tarde demais. Eles não podem, em poucas semanas, familiarizar-se com o assunto com a mesma exatidão dos cérebros contratados, que dedicaram integralmente a ele durante anos; os redatores desinteressados são acusados de estar mal informados e de ter o ar de pessoas que pretendem contestar axiomas.

Essa história geral serve como história da ideia da "paridade" de preços para produtos agrícolas. Esqueço-me do dia em que ela surgiu em um projeto de lei do Legislativo norte-americano; porém, com o advento do *New Deal* em 1933, tornou-se definitivamente um princípio estabelecido, promulgado como lei, e, à medida que se sucederam os anos, e que seus absurdos corolários se tornaram manifestos, eles também foram promulgados.

O argumento a favor da "paridade" de preços se desenvolveu, *grosso modo*, da seguinte maneira: a agricultura é a mais básica e importante de todas as indústrias. Deve ser preservada a todo custo. Além disso, a prosperidade de todos depende da prosperidade do fazendeiro. Se ele não tiver poder aquisitivo para comprar os produtos da indústria, esta definhará. Foi essa a causa da crise de 1929 ou, pelo menos, da nossa falha em nos recuperarmos dela, pois os preços dos produtos agrícolas caíram violentamente, ao passo que os dos produtos industriais sofreram apenas uma pequena queda. O resultado foi que o fazendeiro não podia comprar produtos industriais; os trabalhadores da cidade foram dispensados, e não podiam comprar produtos agrícolas; e a depressão espalhou-se em círculos viciosos crescentes. Havia apenas um remédio, que era simples. Fazer retornar os preços dos produtos agrícolas a uma paridade com os dos artigos que os fazendeiros compravam. Essa paridade existiu no período de 1909 a 1914, quando os fazendeiros eram prósperos. Deve-se restaurar e preservar eternamente essa relação de preços.

Exigiria muito tempo, o que nos afastaria bastante de nosso argumento principal, examinar todos os absurdos ocultos nessa asserção plausível. Não há razão sensata para tomar as determinadas relações de preços que prevaleceram em determinado ano ou período e considerá-las sacrossantas, ou até mesmo, necessariamente mais "normais" do que as de qualquer outro período. Mesmo que tenham sido "normais" na ocasião, que razão existe para presumir que essas mesmas relações devam ser preservadas mais de sessenta anos depois, a despeito das enormes mudanças nas condições da produção e da demanda que, entrementes, ocorreram? O período de 1909 a 1914, como base da paridade, não foi escolhido ao acaso. Em termos de preços relativos, foi um dos períodos mais favoráveis para a agricultura em toda a história dos Estados Unidos.

Caso tenha havido qualquer sinceridade ou lógica na ideia, ela teria sido espalhada universalmente. Se as relações de preços entre produtos agrícolas e industriais que prevaleceram no período de agosto de 1909 a julho de 1914 devessem ser preservadas perpetuamente, por que não preservar perpetuamente a relação de preços de todas as mercadorias com todas os demais nesse período?

Quando a primeira edição deste livro apareceu em 1946, usei os seguintes exemplos dos absurdos a que isso teria levado:

> Um carro de passeio Chevrolet de 6 cilindros custava US$2.150 em 1912; um sedã Chevrolet de 6 cilindros, incomparavelmente aperfeiçoado, custava US$907 em 1942; ajustado à "paridade" na mesma base dos produtos agrícolas, deveria, porém, custar US$3.270 em 1942. Uma libra de alumínio, no período de 1909 a 1913, inclusive, custava em média 22,5 centavos; seu preço, em princípios de 1946, era de 14 centavos; mas, com a "paridade" teria, então, custado 41 centavos.

Seria tanto difícil quanto discutível tentar atualizar essas duas comparações específicas ajustando-as não apenas pela grave inflação (os preços ao consumidor mais do que triplicaram) entre 1946 e 1978, como também pelas diferenças qualitativas entre os automóveis nos dois períodos. No entanto, essa dificuldade apenas dá ênfase à impraticabilidade da proposta.

Após fazer, na edição de 1946, a comparação supracitada, prossegui indicando que o mesmo tipo de aumento na produtividade tinha, em parte, também, acarretado os preços mais baixos dos produtos agrícolas. "No período de 5 anos entre 1955 e 1959, cultivou-se nos Estados Unidos uma média de 428 libras de algodão por acre, em contraponto à média de 260 libras no período de 5 anos entre 1959 e 1963, e a média de apenas 188 libras no período-base de 5 anos entre 1909 e 1913.

Quando tais comparações são examinadas ao longo dos anos, elas mostram que o aumento na produtividade agrícola continuou, embora em uma taxa reduzida. No período de 5 anos entre 1968 e 1972, cultivava-se uma média de 467 libras de algodão por acre. De modo semelhante, no período de 5 anos entre 1968 e 1972 cultivava-se por acre uma média de 84 alqueires de milho, em contraponto à média de apenas 26,1 alqueires do período de 1935 a 1939, e uma média de 31,3 alqueires de trigo por acre em contraponto à média de apenas 13,2 alqueires no período anterior.

Os custos de produção baixaram substancialmente para os produtos agrícolas com melhor aplicação de fertilizantes químicos, cepas melhoradas de sementes, e crescente mecanização. Na edição de 1946, fiz a seguinte citação: "Em algumas grandes fazendas que foram completamente mecanizadas e que estão operando em linhas de produção em massa, requer-se apenas entre um terço e um quinto da mão de obra, para se produza a mesma safra de anos anteriores"12. No entanto, tudo isso é ignorado pelos apóstolos da "paridade" de preços.

A recusa em universalizar o princípio não é a única evidência de que não se trata de um plano econômico pensado para beneficiar a todos, mas, simplesmente, um mecanismo para subsidiar um interesse particular. Outra evidência é a de que, quando os preços agrícolas sobem acima da paridade ou são forçados a esse patamar por uma política governamental, não há exigência da bancada dos fazendeiros no Congresso para tais preços ficarem *abaixo* do nível da paridade ou, então, serem restituídos os subsídios. É regra de mão única.

II

Deixando de lado todas essas considerações, voltemos à falácia fundamental que aqui nos interessa especialmente. Trata-se do argumento de que, se obtiver preços mais altos para seus produtos, o fazendeiro poderá comprar mais mercadorias da indústria e, assim, torná-la próspera e proporcionar pleno emprego. Não importa nesse argumento, é claro, se o fazendeiro obtém ou não especificamente a denominada "paridade" de preços.

Tudo, porém, depende de como estes preços mais elevados são gerados. Se decorrem de uma renovação geral, se resultam de maior prosperidade nos negócios, de maior produção industrial e de maior poder aquisitivo dos trabalhadores das cidades (não resultante da inflação), podem, então, significar realmente aumento de prosperidade e produção, não só para os fazendei-

---

[12] *The New York Times*, 2 de janeiro, 1946. Naturalmente, os próprios planos de restrição ao cultivo ajudaram a provocar o aumento de safras por acre — primeiro, porque os acres de terra em que os fazendeiros deixaram de cultivar eram naturalmente os menos produtivos; segundo, porque o valor alto do subsídio tornava lucrativo aumentar a quantidade de fertilizante por acre. Dessa maneira, os planos do governo de restrição ao cultivo foram em grande parte contraproducentes.

ros, como para todos os demais. Mas o que estamos discutindo é uma alta nos preços agrícolas oriunda de intervenção governamental. Isso pode ser feito de várias maneiras. A alta poderá ser forçada por simples decreto, o método menos exequível. Pode resultar do fato de o governo estar disposto a adquirir todos os produtos agrícolas que lhe são oferecidos a preço de paridade. Pode resultar do fato de o governo emprestar aos fazendeiros dinheiro o suficiente para que eles mantenham sua produção fora do mercado até que se concretize a paridade ou um preço mais elevado. Pode originar-se de restrições impostas pelo governo ao volume das colheitas. Pode resultar, como frequentemente acontece na prática, da combinação desses métodos. No momento, admitiremos simplesmente que, seja qual for o método, essa alta é provocada.

Qual o resultado? Os fazendeiros obtêm preços mais elevados para sua produção. A despeito da produção reduzida, digamos, seu "poder aquisitivo" é, assim, aumentado. Tornam-se, no momento, mais prósperos, e compram maior volume de produtos da indústria. Tudo isso é visto pelas pessoas que olham apenas para as consequências imediatas de políticas para grupos diretamente envolvidos.

Há, porém, outra consequência não menos inevitável. Presumamos que o alqueire de trigo, que de outro modo seria vendido a US$2,50, tenha então o preço elevado para US$3,50. O fazendeiro obtém US$1 a mais por alqueire de trigo. Mas o trabalhador da cidade *paga*, precisamente por causa dessa mesma mudança, US$1 a mais por um alqueire de trigo no preço aumentado do pão. Aplica-se o mesmo a qualquer outro produto agrícola. Se o fazendeiro tem, então, poder aquisitivo de US$1 a mais para comprar produtos industriais, o trabalhador da cidade fica exatamente com poder aquisitivo de US$1 a menos para comprar tais produtos. No saldo líquido, a indústria em geral nada lucrou. Perde, em vendas na cidade, precisamente o que ganha nas vendas rurais.

Há, naturalmente, uma mudança na incidência dessas vendas. Os fabricantes de equipamentos agrícolas e as empresas de venda por correspondência fazem, sem dúvida, melhores negócios. Mas os negócios das lojas de departamento da cidade diminuem.

A questão não termina aí, no entanto. O resultado dessa política não proporciona lucro líquido, mas perda líquida, pois não significa mera transferência do poder aquisitivo dos consumidores da cidade, ou dos contribuintes em geral, ou de ambos, para os fazendeiros. Ela também significa frequentemente um corte forçado na produção de produtos agrícolas a fim de elevar o preço. Isto significa a destruição da riqueza. Significa que há menor quantidade de alimento para ser consumido. A maneira pela qual essa destruição da riqueza será causada dependerá do método específico adotado para a elevação dos preços. Pode implicar a destruição física daquilo que já foi produzido, como a queima do café no Brasil. Poderá implicar uma restrição forçada de cultivo, como no plano AAA (*Agricultural Adjustment Act*, Lei de Ajuste da Agricultura), posto em prática nos Estados Unidos, ou o seu ressurgimento. Examinaremos os efeitos de alguns desses métodos quando passarmos a abordar mais amplamente o controle governamental das mercadorias.

Aqui, porém, pode-se assinalar que, quando o fazendeiro reduz a produção do trigo para obter paridade, ele pode realmente obter um preço mais alto para cada alqueire, mas está produzindo e vendendo um número menor de alqueires. O resultado é que sua renda não sobe proporcionalmente aos preços obtidos por ele. Até alguns defensores da paridade de preços admitem isso, e usam-no como argumento para continuarem a insistir na paridade de *renda* para os fazendeiros. Isso, porém, só pode ser obtido por meio de subsídios à custa direta dos contribuintes. Em outras palavras, auxiliar os fazendeiros dessa forma apenas reduz mais ainda o poder aquisitivo dos trabalhadores da cidade e de outros grupos.

III

Antes de deixarmos esta questão, devemos tratar de um argumento para a paridade de preços. Ele é postulado por alguns de seus mais sofisticados defensores. "Sim" – admitem eles francamente – "os argumentos econômicos em prol da paridade de preços não são sólidos. Tais preços constituem privilégio especial. São uma imposição sobre o consumidor. Mas não é a tarifa uma imposição sobre o fazendeiro? Não tem ele que pagar preços mais elevados pelos produtos industriais em razão da tarifa? Não seria conveniente aos Estados Unidos instituírem uma tarifa compensatória sobre os produtos agrícolas, pois o país é exportador líquido[13] de tais produtos. Ora, o sistema de paridade de preços equivale à tarifa para o fazendeiro. É o único meio justo de equilibrar a situação".

Os fazendeiros que pediam a "paridade" de preços tinham de fato uma razão legítima para se queixar. A tarifa protecionista prejudicava-os mais do que eles percebiam. Ao reduzir a importação de produtos industriais, a tarifa reduziu também a exportação de produtos agrícolas americanos, porque impedia às nações estrangeiras obterem o câmbio em dólares necessário para importá-los. E isto provocou tarifas retaliativas em outros países. No entanto, o exemplo que acabamos de citar não resiste a um exame. É errôneo, mesmo na sua implícita enunciação dos fatos. Não há tarifa *geral* sobre todos os produtos "industriais" ou sobre todos os produtos não agrícolas. Há, no país,

---

[13] As empresas cujas exportações ultrapassam as importações são denominadas Exportadoras Líquidas. (N. E.)

inúmeras indústrias domésticas ou de produtos de exportação não amparadas por tarifas protecionistas. Se o trabalhador da cidade deve pagar preços mais altos pelos cobertores de lã ou sobretudos por causa de uma tarifa, ele é "compensado" pelo fato de pagar um preço também mais alto pela roupa de algodão e pelos alimentos? Ou está, simplesmente, sendo roubado duas vezes?

Equilibremos tudo, dizem alguns, concedendo igual "proteção" a todo mundo. Isso, porém, é insolúvel e impossível. Mesmo que admitamos que se poderia solucionar tecnicamente o problema – uma tarifa para A, um industrial sujeito à concorrência estrangeira; um subsídio para B, um industrial que exporta seus produtos –, seria impossível proteger ou subsidiar todo mundo de modo "justo" ou igual. Teríamos que proporcionar a cada um a mesma porcentagem (ou seria a mesma quantia em dólares?) de proteção tarifária ou de subsídios, e jamais teríamos certeza se estamos ou não duplicando pagamentos a alguns ou deixando de fazê-lo a outros.

Presumamos, entretanto, que seja possível solucionar esse fantástico problema. Que sentido haveria nisso? Quem ganha quando todo mundo subsidia todos os demais? Qual é o lucro quando todos perdem, com o acréscimo dos tributos, exatamente aquilo que ganham com o subsídio ou a proteção? Teríamos apenas adicionado um exército desnecessário de burocratas para levar a efeito o programa, todos eles perdidos para a produção.

Por outro lado, poderíamos solucionar a questão de maneira simples, acabando com o sistema de paridade de preços e com o de tarifas protecionistas. Entrementes, ambos, combinados, não solucionam coisa alguma. Juntos, significam simplesmente que o Fazendeiro A e o Industrial B se beneficiam, à expensa de C, o Homem Esquecido.

Os alegados benefícios de mais um esquema evaporam-se, portanto, assim que rastreamos não só seus efeitos imediatos sobre um grupo particular, como, também, seus efeitos em longo prazo sobre todos.

Capítulo 14 | A Salvação da Indústria X

I

Os saguões do Congresso dos Estados Unidos estão repletos de representantes da indústria X. A indústria X está enferma. Está morrendo. Precisa ser salva. Somente poderá ser salva por uma tarifa, por preços mais altos, ou por um subsídio. Se permitirmos que morra, trabalhadores serão jogados no olho da rua. Seus senhorios, merceeiros, açougueiros, as lojas e os cinemas locais perderão negócios, e a depressão se espalhará em círculos cada vez maiores. Mas se a indústria X for *salva*, por uma ação rápida do Congresso – aí sim! Comprará equipamentos de outras indústrias, mais homens serão empregados, proporcionando maior volume de negócios aos açougueiros, padeiros e fabricantes de anúncios luminosos; então, é a prosperidade que se expandirá em círculos cada vez maiores.

É óbvio que isso nada mais é do que uma simples forma generalizada do caso que acabamos de considerar. Nele, a indústria X era a agricultura. Há, entretanto, um número infindável de indústrias X. Dois dos mais notáveis exemplos, nos últimos anos, foram as indústrias do carvão e da prata. Para "salvar a prata", o Congresso causou imensos danos. Um dos argumentos para o plano de salvação estava em que ele ajudaria "o Oriente". Um dos resultados reais foi causar deflação na China, cuja moeda era lastreada pela prata, e forçá-la a abandonar esse padrão. O Tesouro dos Estados Unidos foi obrigado a adquirir, a preços ridículos, muito acima do nível do mercado, estoques desnecessários de prata, e armazená-los em caixas-fortes. Os objetivos políticos essenciais dos "senadores da prata" poderiam ter sido muito bem atingidos por uma fração dos danos causados e do custo, concedendo-se um franco subsídio aos proprietários de minas e a seus operários; mas o Congresso e o país jamais teriam aprovado um roubo descarado dessa natureza que não fosse acompanhado das fantasias ideológicas a respeito "do papel essencial da prata para a moeda nacional".

Para salvar a indústria do carvão, o Congresso aprovou a Lei Guffey, pela qual não só se permitia, como se obrigava os proprietários de minas de carvão a entrar em conluio para não vender o produto abaixo de certos preços mínimos fixados pelo governo. Embora o Congresso tivesse começado com o intuito de fixar "o" preço do carvão, o governo logo se viu (em virtude das diferentes dimensões, de milhares de minas, e carregamentos para milhares de diferentes destinos, por trens, caminhões, navios e balsas) obrigado a fixar 350 mil preços diferentes para o carvão[14]! Um dos efeitos dessa tentativa de manter os preços do carvão acima do nível do mercado competitivo foi acelerar a tendência dos consumidores à substituição por outras fontes de energia ou calor, como o petróleo, o gás natural e a energia hidrelétrica. Hoje vemos o governo tentando forçar a inversão do consumo de petróleo para o de carvão.

II

Nosso objetivo aqui não é rastrear todos os resultados que se seguiram historicamente aos esforços para salvar determinadas

---

[14] Depoimento de Dan H. Wheeler, diretor da Divisão de Carvão Betuminoso. Inquérito sobre a extensão da Lei do Carvão Betuminoso de 1937.

indústrias, mas rastrear alguns dos principais resultados que devem necessariamente decorrer dos esforços para a salvação de uma indústria.

Pode-se argumentar que certa indústria deva ser criada ou preservada por motivos militares. Pode-se argumentar que determinada indústria está sendo arruinada pelos impostos ou pelas taxas de salário desproporcionais aos de outras indústrias; ou que, tratando-se de empresa de utilidade pública, está sendo forçada a operar com taxas ou tarifas que não lhe permitem uma margem de lucro adequada. Tais argumentos podem ou não ser justificados em determinados casos. Mas não nos interessam aqui. Estamos somente interessados em um único argumento para salvar a indústria X: que, se lhe for permitido diminuir em tamanho ou perecer, em virtude das forças da livre concorrência (sempre denominada, em tais casos, pelos porta-vozes da indústria, concorrência do *laissez-faire*, anárquica, implacável, feroz, da lei da selva), arrastará consigo, em sua queda, a economia nacional, e que, se for mantida viva artificialmente, isso auxiliará todo mundo.

O que estamos expondo nada mais é do que um caso generalizado do argumento apresentado para a "paridade" de preços para os produtos agrícolas ou para as tarifas protecionistas em prol de qualquer número de indústrias X. O argumento contrário à artificialidade dos preços mais altos aplica-se, naturalmente, não só aos produtos agrícolas, como a qualquer outro produto, do mesmo modo que as razões que encontramos para nos opormos às tarifas protecionistas para determinada indústria se aplicam também a qualquer outra.

Mas há sempre inúmeros esquemas para salvar indústrias X. Há dois tipos principais de tais propostas, além das que já consideramos, e vamos examiná-las de relance. Uma, é afirmar que a indústria X já está "superlotada", e procurar impedir que outras firmas ou outros trabalhadores nela ingressem. Outra, é o argumento de que a indústria X precisa ser amparada diretamente por meio de subsídio governamental.

Ora, se a indústria X, comparada às outras, está realmente "superlotada", não necessitará de legislação coercitiva para impedir que novos capitais ou novos operários nela ingressem. Novos capitais não costumam se precipitar em indústrias que estejam, obviamente, definhando. Os investidores não procuram ansiosamente por indústrias que apresentem os mais altos riscos de perdas combinados com os mais baixos dividendos. Tampouco os operários, quando encontram alguma alternativa melhor, procuram indústrias cujos salários são os mais baixos e as perspectivas de emprego estável as menos promissoras.

No entanto, se novos capitais e nova mão de obra são mantidos à força de fora da indústria X, seja por meio de monopólios, de cartéis, de políticas sindicais ou de legislação, isso priva os capitais e a mão de obra da liberdade de escolha. Isso força os investidores a aplicar seu dinheiro onde os dividendos lhes pareçam menos promissores do que na indústria X. Isso força os trabalhadores a ingressarem em indústrias cujos salários e perspectivas lhes parecem inferiores aos que poderiam encontrar na supostamente enferma indústria X. Isso significa, em síntese, que tanto o capital quanto o trabalho serão menos eficientemente empregados do que seriam se lhes fosse permitido fazer livremente suas escolhas. Significa, portanto, uma redução da produção, que deverá se refletir em um padrão de vida médio mais baixo.

Esse padrão de vida mais baixo será causado ou pela média de salários diretos mais baixa do que seria de outro modo, ou pela média mais elevada do custo de vida, ou, ainda, pela combinação de ambos. (O resultado exato dependeria da política monetária que fosse aplicada simultaneamente). Por essas políticas restritivas, os salários e dividendos dos capitais poderiam ser mantidos em um nível mais elevado do que de outra forma na própria indústria

X; mas os salários e dividendos dos capitais em outras indústrias seriam forçados a cair mais do que de outro modo. A indústria X se beneficiaria somente à custa das indústrias A, B e C.

III

Resultados idênticos se seguiriam a qualquer tentativa de salvar a indústria X por meio de subsídio direto, tirado do erário público. Isso nada mais seria do que uma transferência da riqueza ou de renda para a indústria X. Os contribuintes perderiam precisamente tanto quanto o pessoal da indústria X ganharia. Do ponto de vista do público, a grande vantagem de um subsídio, portanto, é que ele deixa esse fato em evidência. Haverá muito menos oportunidade para o obscurecimento intelectual que acompanha os argumentos em favor das tarifas, da fixação de preços mínimos, ou da exclusão monopolística.

É óbvio, no caso de um subsídio, que os contribuintes perdem precisamente tanto quanto ganha a indústria X. Deveria ser igualmente claro que, consequentemente, outras indústrias necessariamente perderão o que X ganhar. Elas têm que pagar parte dos impostos empregados no amparo à indústria X. E para os consumidores, pelo fato de serem tributados para amparar a indústria X, sobrará muito menos renda para a compra de outros artigos. O resultado é que outras indústrias deverão, em média, ser menores do que poderiam ser, a fim de que a indústria X possa ser maior. Mas o resultado deste subsídio não é apenas o fato de que houve transferência de riqueza ou de renda, ou que outras indústrias se tenham, no total, se contraído na mesma medida em que a indústria X tenha se expandido. O resultado é que (e é daí que vem a perda líquida para a nação considerada como uma unidade) o capital e a mão de obra também são rechaçados de indústrias nas quais estão mais eficientemente empregados para serem desviados para uma indústria na qual serão menos eficientemente empregados. Cria-se menos riqueza. O padrão de vida médio torna-se mais baixo, comparado com o que poderia ter sido.

IV

Tais resultados são, de fato, praticamente inerentes aos próprios argumentos apresentados para concessão de subsídio à indústria X. Ela está definhando ou morrendo por conta de dissidências entre seus amigos. Por que, pode-se perguntar, mantê-la viva por meio de respiração artificial? A ideia de que uma economia em expansão implique que se expandam *todas* as indústrias simultaneamente constitui profundo erro. A fim de que novas indústrias possam crescer com suficiente rapidez, geralmente é necessário que se permita que algumas velhas indústrias se contraiam ou pereçam. Ao se fazer isso, elas ajudam a liberar o capital e a mão de obra necessários às novas indústrias. Se tivéssemos procurado manter artificialmente vivo o comércio de carruagem a tração animal, teríamos diminuído o ritmo de crescimento da indústria automobilística e de todos os negócios dela dependentes. Teríamos diminuído a produção da riqueza e retardado o progresso econômico e científico.

Fazemos a mesma coisa, porém, quando procuramos impedir que qualquer indústria pereça, a fim de proteger a mão de obra já treinada ou o capital nela já investido. Por mais paradoxal que isso possa parecer a alguns, é tão necessário para a saúde de uma economia dinâmica permitir-se que pereçam indústrias decadentes, quanto que se desenvolvam as que estão prosperando. O primeiro processo é essencial ao segundo. É tolice procurar preservar indústrias obsoletas tanto quanto procurar preservar métodos obsoletos de produção: de fato isso com frequência é muitas vezes nada mais nada menos do que duas maneiras de descrever a mesma coisa. Métodos de produção aperfeiçoados devem constantemente suplantar métodos obsoletos, caso tanto necessidades antigas quanto novos desejos possam ser atendidos por melhores produtos e melhores meios.

Capítulo 15 | Como Funciona o Sistema de Preços

I

Toda a argumentação deste livro pode ser resumida na declaração de que, ao serem estudados os efeitos de qualquer proposta econômica, devemos rastrear não só os resultados imediatos como, também, os resultados em longo prazo; não só as consequências primárias como, também, as secundárias; e não só os efeitos sobre um determinado grupo como, também, os efeitos sobre todos. Segue-se que é tolice e errôneo concentrar a atenção simplesmente em algum ponto especial – examinar, por exemplo, apenas o que acontece em uma indústria, sem considerar o que acontece em todas elas. Mas é precisamente desse hábito persistente e preguiçoso de se pensar apenas em alguma determinada indústria ou processo isolado que se originam as principais falácias da economia. Tais falácias permeiam não só os argumentos dos porta-vozes contratados por interesses específicos, como os de alguns economistas que se passam por profundos estudiosos.

No fundo, é na falácia do isolamento em que se baseia a escola da "produção para o uso e não para o lucro", com seu ataque ao supostamente distorcido "sistema de preços". O problema da produção, dizem os adeptos dessa escola, está solucionado. (Este erro retumbante, conforme veremos, é também o ponto de partida dos muitos excêntricos monetários e charlatães que defendem a distribuição de riqueza). Os cientistas, os peritos em eficiência, os engenheiros e os técnicos resolveram-no. Podem produzir quase tudo o que se avente em quantidades gigantescas e praticamente ilimitadas. Mas, infelizmente, o mundo não é governado pelos engenheiros, que só pensam na produção, mas pelos homens de negócios, que só pensam nos lucros. Os homens de negócios dão ordens aos engenheiros, e não o contrário. Tais homens de negócios produzirão qualquer artigo, contanto que possam dele auferir lucros; mas, no momento em que não houver mais lucro na fabricação, esses homens perversos cessarão de fabricá-lo, embora os desejos de muitas pessoas fiquem insatisfeitos, e o mundo clame por mais mercadorias.

Há tantas falácias a esse respeito que não é possível desemaranhá-las todas ao mesmo tempo. No entanto, o erro fundamental, conforme insinuamos, advém de se olhar apenas para uma indústria ou, mesmo, várias indústrias, cada uma por seu turno, como se fossem isoladas umas das outras. Na realidade, todas se inter-relacionam, e toda decisão importante tomada em uma delas afeta e é afetada pelas decisões tomadas em todas as demais.

Compreenderemos isso melhor se entendermos o problema básico que as empresas têm de resolver coletivamente. Para simplificar este ponto tanto quanto possível, consideremos o problema que um Robinson Crusoé enfrenta em sua ilha deserta. Suas necessidades parecem, a princípio, infindáveis. Está encharcado pela chuva, treme de frio, passa fome e sede. Precisa de tudo: água para beber, alimentos, um teto sobre sua cabeça, proteção contra os animais, fogo, um lugar macio para se deitar. É-lhe impossível satisfazer a todas essas necessidades ao mesmo tempo; não dispõe de tempo, energia ou recursos. Deve atender imediatamente à necessidade mais premente. Sofre mais, digamos, de sede. Cava, na areia, um buraco para recolher água da chuva ou constrói algum receptáculo grosseiro. Quando tiver garantido um pequeno suprimento de água, terá de procurar alimento, antes de pensar em melhorá-lo. Pode tentar pescar, mas, para fazer isto, necessita de anzol e linha ou de uma rede, e deve começar a trabalhar nesses apetrechos. Mas tudo o que faz adia ou o impede de fazer outras coisas mais, que são um tanto menos urgentes. Defronta-se, constantemente, com o problema de aplicações *alternativas* de seu tempo e seu trabalho.

A família Robinson[15] talvez ache para tal problema solução mais fácil. Tem mais bocas para alimentar, mas tem também maior número de mãos para trabalhar. Pode estabelecer a divisão e a especialização do trabalho. O pai caça, a mãe prepara o alimento, as crianças apanham lenha. Mas nem mesmo a família pode permitir que um de seus membros faça indefinidamente a mesma coisa, não obstante a relativa urgência das necessidades comuns a que ele atende e a urgência de outras necessidades ainda por atender. Quando as crianças apanharem certa quantidade de lenha, não podem ficar empenhadas apenas em aumentar essa quantidade. Logo será tempo de mandar uma delas, por exemplo, ir buscar mais água. A família também se defronta com o constante problema de escolher entre as aplicações *alternativas* de trabalho que se lhe oferecem, e, se teve sorte o bastante para haver adquirido armas, equipamento de pesca, um barco, machados, serras etc., de escolher entre as alternativas de aplicação do trabalho e do capital. Seria considerado uma tolice indescritível que o membro da família que apanha

---

[15] Aqui o autor faz referência ao filme *Swiss Family Robinson*, de 1960, dirigido por Ken Annakin (1914-2009). No Brasil o filme foi renomeado para "A cidadela dos Robinson". (N. E)

lenha se queixasse de que poderia apanhar maior quantidade se o irmão o auxiliasse todo o dia, em lugar de ir pescar o peixe de que necessitavam para o jantar. Reconhece-se claramente, tanto no caso de um indivíduo isolado quanto no de uma família, que uma ocupação pode expandir-se *somente* à *expensa de todas as outras ocupações*.

Exemplos elementares como este são, às vezes, ridicularizados como sendo "economia de Crusoé". Infelizmente, são ridicularizados, sobretudo, por aqueles que deles mais necessitam, aqueles que deixam de compreender o princípio particular, mesmo que exemplificado dessa forma simples, ou que perdem completamente a noção desse princípio quando passam a examinar as desconcertantes complicações de uma sociedade econômica grande e moderna.

II

Voltemos agora a tal sociedade. Como se soluciona o problema da alternativa de aplicações de trabalho e capital a fim de atender às milhares de necessidades e desejos diferentes, e de urgências também diferentes, dessa sociedade? Soluciona-se precisamente pelo sistema de preços. Soluciona-se por meio das constantes modificações nas inter-relações de custo de produção, preços e lucros.

Fixam-se os preços mediante a relação entre a oferta e a demanda, preços que, por sua vez, afetam a oferta e a demanda. Quando as pessoas desejam maior quantidade de um artigo, oferecem mais por ele. O preço sobe. Isto aumenta os lucros daqueles que fabricam o artigo. Havendo agora maior lucro na fabricação deste artigo do que na de outros, as pessoas que já se encontram nesta atividade expandem sua produção, e mais indivíduos são atraídos para este setor. Tal aumento da oferta reduz, então, o preço e a margem de lucro, até que esta retorne ao nível geral de lucros das outras indústrias (considerados os riscos relativos). Ou, então, a demanda pelo artigo pode cair; ou sua oferta aumenta a tal ponto que o preço cai a um nível no qual haverá menos lucro em fabricá-lo do que em produzir outros artigos. Ou, talvez, haja, na verdade, prejuízo em fabricá-lo. Nesse caso, os produtores "marginais", ou seja, os menos eficientes, ou aqueles cujo custo de produção é mais elevado, serão totalmente excluídos do mercado. Assim, o produto será fabricado apenas pelos produtores mais eficientes, que operam a custos mais baixos. A oferta do artigo cairá também ou, pelo menos, deixará de se expandir.

Este processo é a origem da crença de que os preços são determinados pelo custo de produção. A doutrina, exposta dessa maneira, não é verdadeira. Os preços são determinados pela oferta e pela demanda, e a demanda é determinada pela intensidade com que as pessoas desejam uma mercadoria, e pelo que elas têm para oferecer em troca. É verdade que a oferta é, em parte, determinada pelo custo de produção. O que um artigo *custou* no passado para ser produzido não pode determinar-lhe o valor. Isso dependerá da *atual* relação entre a oferta e a demanda. No entanto, as expectativas dos homens de negócios no tocante ao que um artigo *irá* custar para ser fabricado no futuro, e qual será seu futuro preço, determinarão o quanto dele será fabricado. Isso afetará a oferta futura. Há, portanto, uma tendência constante de que o preço de um artigo e seu custo marginal de produção *se igualem*, mas não porque esse custo marginal de produção determine diretamente o preço.

O sistema da iniciativa privada poderia, então, ser comparado a milhares de máquinas, cada uma controlada por seu próprio diretor quase automático, porém, com todas elas e seus diretores interligados e influenciando uns aos outros de modo a operarem, realmente, como uma só grande máquina. Muitos de nós já devem ter reparado no "regulador" automático de uma máquina a vapor. É, em geral, composto de duas bolas ou dois pesos que operam por meio de força centrífuga. Conforme a velocidade da máquina aumenta, as bolas se afastam da haste a que estão ligadas e, assim, estreitam ou fecham, automaticamente, a válvula de controle que regula a entrada do vapor. Dessa maneira, reduz-se a velocidade da máquina. Se, por outro lado, a máquina marcha muito vagarosamente, as bolas caem, alargam a válvula reguladora e aumentam a velocidade. Portanto, cada desvio da velocidade desejada põe em movimento, por si, as forças que tendem a corrigir esses desvios.

É precisamente desse modo que a oferta relativa de milhares de artigos diferentes é regulada pelo sistema da concorrência entre empresas privadas. Quando as pessoas desejam mais e mais um artigo, suas ofertas concorrentes elevam o preço. Isto aumenta os lucros dos fabricantes do artigo. Estimula-os a aumentarem a produção. Faz com que outros deixem de fabricar alguns dos itens que anteriormente produziam e passem a fabricar o que lhes oferece melhor retorno. Tal fato, porém, aumenta a oferta desse artigo, ao mesmo tempo em que reduz a oferta de alguns outros. O preço desse produto cai, portanto, em relação ao preço dos outros produtos, e desaparece o estímulo ao aumento relativo da produção desse artigo. Igualmente, se cai a demanda por algum produto, seu preço e o lucro advindo de sua fabricação diminuem, e sua produção declina.

É este último desenvolvimento que escandaliza os que não compreendem o "sistema de preços" que eles condenam. Acusam-no de gerar escassez. Por que – perguntam indignados – devem os fabricantes diminuir a produção de sapatos até o ponto de não mais haver lucro em produzi-los? Por que devem ser guiados somente por seus próprios lucros? Por que deveriam ser guiados pelo mercado? Por que não produzem sapatos até a "plena capacidade dos processos técnicos modernos"? O sistema de preços e a iniciativa privada, concluem os filósofos da "produção para o uso", são simplesmente uma espécie de "economia de escassez".

Tais perguntas e conclusões originam-se da falácia de se olhar apenas para uma indústria isoladamente, de se olhar para a árvore e ignorar a floresta. É, até certo ponto, necessário produzir sapatos. No entanto, é também necessário produzir paletós, camisas, calças, casas, arados, pás, leite e pão, além de construir fábricas e pontes. Seria idiotice acumular montanhas de sapatos em excesso, simplesmente porque poderíamos fazê-lo, deixando de satisfazer a centenas de outras necessidades mais urgentes.

Ora, em uma economia em equilíbrio, determinada indústria poderá se expandir *somente* à *expensa de outras*, pois, em qualquer momento específico, os fatores de produção são limitados. Uma indústria somente pode se expandir *desviando* para si mão de obra, terreno e capital que poderiam ser empregados em outras indústrias. E, quando uma dada indústria se contrai ou deixa de expandir sua produção, isso não significa necessariamente que tenha havido qualquer declínio *líquido* na produção agregada. A contração, naquele momento, talvez tenha simplesmente *liberado* o trabalho e o capital a fim de *permitir a expansão de outras indústrias*. É errôneo concluir, portanto, que uma diminuição na produção de determinado setor signifique uma retração da produção *total*.

Tudo, em suma, se produz à custa da abstenção de se produzir outra coisa. Poder-se-ia realmente definir os custos de produção como as coisas a que se renunciou (lazeres e prazeres, as matérias-primas com usos alternativos potenciais) para criar a coisa que se está fabricando.

Segue-se que, para a saúde de uma economia dinâmica, é tão essencial deixar que pereçam as indústrias moribundas quanto deixar que cresçam as indústrias em desenvolvimento, pois as agonizantes absorvem mão de obra e capital que deveriam ser liberados para aquelas em desenvolvimento. Somente o muito vilipendiado sistema de preços soluciona o problema bastante complicado de decidir precisamente o quanto entre dezenas de milhares de diferentes artigos e serviços devem ser produzidos em relação uns aos outros. Essas equações de outro modo desconcertantes são solucionadas quase automaticamente pelo sistema de preços, lucros e custo.

São incomparavelmente mais bem solucionadas por este sistema do que poderia fazer qualquer grupo de burocratas. Pois se resolvem por um sistema sob o qual cada consumidor realiza sua demanda e faz um voto novo ou uma dúzia de votos novos todos os dias; ao passo que os burocratas tentariam solucionar a questão mandando fazer para os consumidores não o que estes desejam, mas o que eles, burocratas, julgassem conveniente.

Embora os burocratas não compreendam o sistema quase automático do mercado, mostram-se sempre preocupados com ele. Estão sempre tentando melhorá-lo ou corrigi-lo, geralmente no interesse de algum grupo de pressão lamurioso. Examinaremos, nos capítulos seguintes, alguns resultados de tal intervenção.

Capítulo 16 | A "Estabilização" das Mercadorias

I

Tentativas de elevação permanente dos preços de determinadas mercadorias acima dos níveis de seu mercado natural têm fracassado tantas vezes, de modo tão desastroso e tão infame, que grupos de pressão sofisticados e os burocratas que eles pressionam raramente confessam publicamente esse objetivo. Seus objetivos declarados, especialmente quando começam a propor ao governo que intervenha, são, geralmente, mais modestos e mais plausíveis.

Não têm desejo algum, declaram, de elevar permanentemente o preço do artigo X acima de seu nível natural. Isso, admitem, seria injusto para os consumidores. Mas o produto está, *neste momento*, sendo vendido por preço muito *abaixo* do seu nível natural. Os produtores não podem subsistir com tal preço. A menos que se aja prontamente, serão expulsos do mercado. Haverá, então, verdadeira escassez e os consumidores terão de pagar preços exorbitantes pelo artigo. O bom negócio que os consumidores parecem estar fazendo nesse momento vai custar-lhes caro no fim, pois o preço "temporário" atual não pode durar. Contudo, não temos meios para esperar que as denominadas forças naturais do mercado ou a "cega" lei da oferta e da procura corrijam a situação, pois, a essa altura, os produtores estarão arruinados e grande escassez irá pairar sobre o país. O governo precisa *agir*. Tudo o que realmente desejamos fazer é corrigir essas violentas e loucas *flutuações* do preço. Não estamos procurando *elevá-lo*; estamos procurando apenas *estabilizá-lo*.

Há vários métodos que comumente são propostos para se fazer isso. Um dos mais frequentes é o empréstimo governamental aos fazendeiros, a fim de que eles possam manter suas colheitas fora do mercado.

Insiste-se em tais empréstimos com o Congresso alegando-se razões que parecem muito plausíveis à maioria dos ouvintes. A eles é dito que toda a produção dos fazendeiros é lançada no mercado ao mesmo tempo por ocasião da colheita; que é esse, precisamente, o tempo em que os preços são os mais baixos, e que os especuladores se aproveitam disso para comprar a produção e armazená-la a fim de conseguirem preços mais elevados quando os alimentos outra vez se tornarem mais escassos. Urge-se, então, que os fazendeiros sofrem com tal situação e que eles, que não os especuladores, é quem devia tirar proveito de preços médios mais elevados.

Tal argumento não se sustenta, quer pela teoria, quer pela experiência. Os muito vilipendiados especuladores não são inimigos dos fazendeiros: são essenciais para o seu bem-estar. Os riscos da flutuação dos preços agrícolas devem ser arcados por alguém; e de fato têm sido arcados, nos tempos modernos, principalmente pelos especuladores profissionais. Em geral, quanto mais competente for a ação destes em prol de seus próprios interesses como especuladores, tanto maior será o auxílio que prestarão ao fazendeiro. Pois os especuladores servem a seus próprios interesses precisamente na mesma proporção de sua habilidade de prever os preços futuros. Contudo, quanto mais exata for sua previsão, tanto menos violentas e extremadas serão as flutuações de preços.

Mesmo que os fazendeiros precisassem lançar toda a produção de trigo no mercado em apenas um mês do ano, o preço em tal período não seria necessariamente inferior ao de qualquer outro mês (salvo certa margem para cobrir o custo do armazenamento). Isso porque os especuladores, na esperança de obterem lucro, fariam a maior parte de suas compras nessa ocasião. Continuariam comprando até que o preço subisse a um ponto em que não vissem mais oportunidade de lucro futuro. E venderiam sempre que julgassem haver perspectiva de prejuízo futuro. O resultado seria a estabilização dos preços dos produtos agrícolas durante todo o ano.

É precisamente porque existe uma classe profissional de especuladores para assumir esses riscos que fazendeiros e moleiros não têm necessidade de assumi-los. Poderão proteger-se por meio dos mercados. Em condições normais, portanto, quando os especuladores estão desempenhando bem sua tarefa, os lucros dos fazendeiros e moleiros dependerão principalmente de sua habilidade e sua diligência no cultivo e na moagem, e não das flutuações do mercado.

A experiência concreta indica que, em média, o preço do trigo e de outros produtos agrícolas não perecíveis permanece o mesmo o ano todo, exceto pela margem destinada ao armazenamento e às taxas de seguro e de juros. De fato, algumas investigações cuidadosas demonstraram que a alta mensal média, após a época da colheita, não tem chegado a ser exatamente suficiente para pagar as despesas de armazenamento. Desse modo, os especuladores, na realidade, acabaram subsidiando os fazendeiros. Não era essa, naturalmente, a intenção: foi simplesmente o resultado de uma persistente tendência para o excesso de otimismo de parte dos especuladores. (Esta tendência parece afetar os empreendedores na maioria das atividades concorrentes: na condição de classe, estão sempre, contrariamente às suas intenções, subsidiando os consumidores. Tal fato é particularmente verdadeiro onde quer que haja perspectivas de grandes lucros com especulação. Assim como os que jogam na loteria, considerados como uma unidade, perdem dinheiro porque cada um tem a injustificada esperança de ganhar um dos poucos prêmios espetaculares, também se calculou que o total do trabalho e do capital empregados na prospecção do ouro ou do petróleo excedeu o valor total de sua respectiva extração).

O caso é diferente, porém, quando o Estado intervém e, ou compra ele mesmo a produção dos fazendeiros, ou empresta-lhes o dinheiro para manter as colheitas fora do mercado. Isso, às vezes, é feito em prol de se manter o que, plausivelmente, se denomina "estoque de emergência". Contudo, a história dos preços e a retenção de colheitas mostram que essa função, conforme vimos, está sendo bem executada pelos livres mercados organizados pelo setor privado. Quando o governo intervém, a reserva de segurança torna-se, de fato, uma reserva política. Estimula-se o fazendeiro, com o dinheiro dos contribuintes, a reter excessivamente sua produção. Como desejam garantir o voto dos fazendeiros, os políticos que iniciam essa política, ou os burocratas que a executam, sempre colocam o denominado preço justo para o produto do fazendeiro acima do preço que as condições da oferta e da procura justificam na ocasião. Isso reduz o número de compradores. A reserva de segurança tende, portanto, a se tornar uma reserva anormal.

Estoques excessivos ficam afastados do mercado. O efeito disso é assegurar, temporariamente, um preço mais alto do que poderia existir de outro modo, mas fazer isso será provocar mais tarde um preço muito mais baixo do que seria de outro modo. Pois a falta artificial que se cria nesse ano, ao retirar-se do mercado parte de uma colheita, implica um excesso artificial para o ano seguinte.

Seria desviar-nos bastante da meta se fôssemos descrever o que realmente aconteceu quando, por exemplo, se aplicou esse programa ao algodão americano[16]. Empilhou-se nos armazéns toda a colheita de um ano. Destruiu-se o mercado externo para o nosso algodão. Estimulou-se demasiadamente o cultivo do algodão em outros países. Embora tais resultados tivessem sido previstos pelos que se opunham à política de restrição e de empréstimos, quando eles de fato ocorreram, os burocratas responsáveis por esses resultados responderam simplesmente que isso teria acontecido de qualquer maneira.

Pois a política de empréstimos costuma vir acompanhada de, ou inevitavelmente acarreta, uma política de restrição à produção, ou seja, a uma política de escassez. Em quase todos os esforços para "estabilizar" o preço de um produto, colocaram-se em primeiro lugar os interesses dos produtores. O verdadeiro objetivo é a elevação imediata dos preços. Para tornar isso possível, impõe-se, a cada produtor sujeito a controle, uma restrição pro-

---

[16] O programa do algodão, entretanto, tem sido especialmente instrutivo. Em 1º de agosto de 1956, a retenção de algodão atingiu a quantidade recorde de 14.529.000 de fardos, mais do que a produção ou o consumo normal de um ano inteiro. Para fazer frente a isso, o governo mudou seu programa. Decidiu comprar a maior parte da colheita dos produtores para imediatamente revendê-la com desconto. A fim de tornar a vender o algodão norte-americano no mercado mundial, fez um pagamento de subsídio nas exportações de algodão – primeiramente, de 6 centavos por libra, e, em 1961, de 8,5 centavos por libra. Tal política teve sucesso na redução da retenção do algodão em rama. Contudo, além das perdas impostas aos contribuintes, isso colocou os produtos têxteis norte-americanos em uma séria desvantagem competitiva com os produtos têxteis estrangeiros, tanto no mercado nacional quanto no internacional. O governo norte-americano estava subsidiando a indústria estrangeira à custa da indústria nacional. É típico dos esquemas de tabelamento de preços pelo governo escapar de uma consequência desastrosa somente para se lançar em outra, normalmente pior.

porcional à produção. Tal fato tem vários efeitos ruins imediatos. Admitindo que se possa impor o controle em escala internacional, a medida significa uma queda da produção total do mundo. Os consumidores internacionais desfrutam menos do produto do que teria sido possível sem as restrições. O mundo fica, assim, mais pobre. Como os consumidores são, portanto, forçados a pagar preços mais elevados por esse produto, ficam com menos dinheiro para despender em outros artigos.

II

Geralmente, os partidários da política de restrições respondem que essa queda na produção é o que, de um modo ou de outro, acontece em uma economia de mercado. Mas, conforme vimos no capítulo anterior, há uma diferença fundamental. Em uma economia de mercado competitiva, os produtores de custos elevados, os *ineficientes*, é que são postos à margem pela queda dos preços. No caso de um produto agrícola, é o menos competente dos fazendeiros, ou aqueles que possuem os equipamentos mais deficientes, ou que trabalham nas terras mais pobres, que são expulsos do mercado. Os mais capazes, e que trabalham nas melhores terras, não têm que restringir a produção. Pelo contrário, se a queda no preço foi sintoma de um custo médio de produção mais baixo, refletido no aumento da oferta, então, o afastamento dos fazendeiros marginais em terras marginais capacita os bons fazendeiros, nas terras boas, a *expandirem* sua produção. Então, em longo prazo, talvez não venha a ocorrer uma redução na produção daquela mercadoria. E, então, a mercadoria será produzida e vendida a um preço *permanentemente* mais baixo.

Se o resultado for esse, os consumidores da mercadoria ficarão tão bem atendidos quanto eram anteriormente. Mas, como resultado do preço mais baixo, terão sobra de dinheiro, que antes não tinham, para despender em outras coisas. É evidente, portanto, que os consumidores estarão em melhores condições. Mas o aumento de seus gastos em outras direções proporcionará mais empregos em outros ramos de negócio, que absorverão, assim, os antigos fazendeiros marginais em ocupações nas quais seus esforços serão mais lucrativos e eficientes.

Uma restrição uniforme e proporcional (para voltarmos ao nosso esquema de intervenção governamental) significa, por um lado, que aos produtores eficientes, os quais operam a baixo custo, não é permitido produzir tudo o que podem a baixo preço. Isso significa, por outro lado, que os produtores ineficientes, que operam a custo elevado, são mantidos artificialmente no mercado. Isso aumenta o custo médio da produção da mercadoria. Esta está sendo produzida com menor eficiência, do que no caso contrário. O produtor marginal ineficiente, mantido, assim, artificialmente nessa linha de produção, continua a empregar terras, mão de obra e capital que poderiam ser empregados com mais eficiência e lucratividade em outras atividades.

Não há sentido em argumentar que, como resultado do esquema de restrições, o preço dos produtos agrícolas foi, pelo menos, aumentado, e "os fazendeiros adquiriram maior poder aquisitivo". Conseguiram-no somente pelo fato de haverem tirado do comprador da cidade um maior poder aquisitivo. (Já debatemos tal questão antes, na análise que fizemos da "paridade" de preços). Dar aos fazendeiros dinheiro para limitar a produção, ou dar-lhes a mesma quantia para uma produção artificialmente limitada, não é diferente de forçar os consumidores ou contribuintes a pagarem pessoas para não fazer coisa alguma. Em cada caso, os beneficiários de tal política adquirem "poder aquisitivo". Mas, em cada caso, alguém perde uma importância exatamente equivalente. A perda líquida, para a comunidade, é a da produção, porque algumas pessoas estão sendo sustentadas para não produzir. Como há menor quantidade de produto para todo mundo, porque há menor quantidade para ser distribuída, os salários e os rendimentos reais declinarão, quer pela queda de sua importância monetária, quer por um custo de vida mais alto.

Se, porém, é feita uma tentativa de se manter a alta do preço de um produto agrícola, e não é imposta qualquer restrição artificial à produção, o excedente não vendido do produto supervalorizado continuará a acumular-se, até que, no mercado, a queda de preço venha a ser muito maior do que a que se poderia esperar sem o estabelecimento do programa de controle. Ou, então, os produtores que se encontram fora desse programa de restrições, estimulados pela alta artificial do preço, expandem consideravelmente sua própria produção. Foi o que aconteceu com as restrições que os ingleses impuseram à produção da borracha, e com os programas americanos de restrições ao cultivo do algodão. Em qualquer um dos casos, a queda dos preços alcança, finalmente, proporções catastróficas que não ocorreriam sem o esquema de restrições. O plano, pelo qual se começou tão corajosamente a "estabilizar" preços e condições, traz instabilidade incomparavelmente maior do que ocorreria se atuassem as forças livres do mercado.

No entanto, novos controles internacionais de mercadorias estão constantemente sendo propostos. *Dessa vez*, dizem-nos, eles evitarão todos esses velhos erros. Dessa vez, os preços a serem fixados serão "justos" tanto para os produtores quanto para os consumidores. As nações produtoras e consumidoras irão decidir quais serão esses preços justos, pois ninguém se mostrará desarrazoado. Os preços fixados envolverão, necessariamente, quinhões "justos" e delimitação da área de produção e consumo entre nações, e somente os cínicos vaticinarão qualquer disputa inconveniente a respeito. Finalmente, graças ao maior milagre de todos, este mundo de controle e coações superinternacionais será, também, um mundo de comércio internacional "livre"!

O que a respeito disso os planejadores governamentais querem dizer exatamente, ao falarem em comércio livre, não estou muito certo, mas podemos ter certeza de algumas coisas a que seu plano não visa. Não significa liberdade para pessoas comuns comprarem e venderem, emprestarem e tomarem emprestado, por qualquer preço ou taxa que queiram, e onde quer que achem mais lucrativo fazê-lo. Não significa liberdade para o simples cidadão cultivar tanto quanto queira de determinado produto, ir e vir à vontade, estabelecer-se onde lhe aprouver, levar consigo seu capital e outros pertences. Significa, desconfio, liberdade para os burocratas solucionarem essas questões para o cidadão. Dizem-lhe que, se obedecer docilmente aos burocratas, será recompensado por maior padrão de vida. Se, porém, os planejadores conseguirem ligar a ideia de cooperação internacional à ideia de maior domínio e maior controle do Estado sobre a vida econômica, os controles internacionais do futuro, ao que parece, muito provavelmente seguirão os padrões do passado, e, nesse caso, o padrão de vida do homem simples decairá junto com sua liberdade.

Capítulo 17 | Tabelamento de Preços pelo Governo

I

Vimos quais são alguns dos efeitos dos esforços governamentais para fixar os preços de produtos *acima* dos níveis a que, sem isso, os conduziriam os mercados livres. Examinemos, agora, alguns dos resultados das tentativas do governo para manter os preços dos produtos *abaixo* de seus níveis naturais de mercado.

Tal tentativa é feita, hoje em dia, por quase todos os governos em tempo de guerra. Não vamos examinar aqui a prudência do tabelamento em tempo de guerra. Toda a economia, na guerra total, é necessariamente dominada pelo Estado, e as complicações que deveriam ser consideradas levar-nos-iam muito além da questão principal de que trata este livro[17]. Mas o tabelamento de preços em tempo de guerra – prudente ou não – persiste em quase todos os países pelo menos du-

---

[17] Minha própria conclusão, entretanto, é que, enquanto algumas prioridades, alocações ou racionamentos por parte do governo forem inevitáveis, o tabelamento de preços pelo Estado provavelmente será especialmente prejudicial na guerra total. Enquanto o estabelecimento de um teto de preços exige racionamento para que funcione, mesmo temporariamente, o inverso não é verdadeiro.

rante longo período, depois do término da guerra, depois de já haver desaparecido a justificativa originária para que fosse implantado.

É a inflação do tempo de guerra a causa principal da pressão para o tabelamento de preços. No momento em que escrevo este livro, quando praticamente todos os países se encontram inflacionários, embora a maioria deles esteja em paz, os controles de preços são sempre aventados, mesmo quando não impostos. Embora sejam sempre economicamente nocivos, senão destrutivos, têm pelo menos uma vantagem política do ponto de vista dos detentores de cargos públicos, que, implicitamente, põe a culpa da alta dos preços na avidez e na ganância dos comerciantes, em vez de em suas próprias políticas monetárias.

Vejamos, em primeiro lugar, o que acontece quando o governo procura manter o preço de apenas uma mercadoria, ou de um pequeno grupo delas, abaixo do que seria estabelecido em um mercado livre e competitivo.

Quando o governo procura fixar um teto para apenas alguns produtos, costuma escolher os que representam certas necessidades básicas, sob o fundamento de que é extremamente essencial que os pobres possam obtê-los a custo "razoável". Imaginemos que os produtos escolhidos sejam o pão, o leite e a carne.

O argumento para o tabelamento do preço desses produtos será mais ou menos o seguinte: se deixarmos a carne – digamos – à mercê do livre mercado, a alta será forçada pelas ofertas da concorrência, de sorte que somente os ricos poderão adquiri-la. As pessoas não obterão a carne na proporção de suas necessidades, mas apenas na proporção de seu poder aquisitivo. Se mantivermos baixo o preço, todos obterão seu justo quinhão.

A primeira coisa a observar nesse argumento é que, se ele tem validade, a política adotada é inconsistente e tímida. Pois, se é o poder aquisitivo, e não a necessidade, o que determina a distribuição da carne ao preço de mercado de US$2,25 a libra, ele determinaria também, se bem que talvez em grau ligeiramente menor, o estabelecimento de um "teto" legal de US$1,50 a libra. O argumento do poder aquisitivo em vez da necessidade de fato se sustenta, contanto que cobremos qualquer quantia pela carne, não importa o que aconteça. Ele somente deixaria de se sustentar se a carne fosse dada de graça.

No entanto, os esquemas para fixação de tetos de preços começam, geralmente, como esforços para "impedir que suba o custo de vida". Assim, seus defensores admitem inconscientemente que haja algo de peculiarmente "normal" ou sagrado acerca do preço do mercado, no momento em que se inicia seu controle. Considera-se esse preço inicial "razoável", e qualquer preço acima dele é tido como "desarrazoado", independente das mudanças nas condições de produção ou procura desde que se estabeleceu esse preço inicial.

II

Ao discutir este assunto, não há motivo para admitir um controle de preços, que os fixasse exatamente no ponto em que um mercado livre os colocaria em qualquer caso. Isso equivaleria a não haver controle algum. Devemos admitir que o poder aquisitivo nas mãos do público é maior do que a oferta de mercadorias disponíveis, e que os preços estão sendo mantidos pelo governo *abaixo* dos níveis em que os colocaria um mercado livre.

Ora, não podemos manter o preço de qualquer mercadoria abaixo do nível do mercado sem que isso acarrete, com o tempo, duas consequências. A primeira é aumentar a procura da mercadoria. Sendo essa mais barata, as pessoas sentem-se tentadas a comprar mais e podem fazê-lo. A segunda consequência é reduzir a oferta da mercadoria. Como as pessoas compram maior quantidade, o que se acumula nas prateleiras dos negociantes esvazia-se rapidamente. Mas, além disso, desencoraja-se a produção da mercadoria. Reduz-se ou elimina-se a margem de lucro. Os produtores marginais são obrigados a abandonar o mercado. Talvez até exija-se que os mais eficientes fabriquem seus produtos com prejuízo. Isso aconteceu durante a Segunda Guerra Mundial, quando o Gabinete de Administração de Preços dos Estados Unidos exigiu dos matadouros que fizessem o abate e o beneficiamento da carne por um custo menor do que o do gado vivo e da mão de obra necessária para abatê-lo e beneficiá-lo.

Se não fizéssemos mais nada, portanto, a fixação de um preço máximo para determinada mercadoria teria como consequência provocar sua falta. Isso, porém, é precisamente o contrário do que os controladores governamentais, a princípio, pretendiam fazer, pois é das próprias mercadorias, selecionadas para o tabelamento, que os controladores mais desejam manter abundante oferta. Mas quando limitam os salários e os lucros dos que produzem tais mercadorias, sem também limitar os salários e os lucros daqueles que fabricam artigos de luxo ou semiluxo, desencorajam a produção dos artigos necessários, de preços controlados, enquanto estimulam relativamente a produção de mercadorias menos essenciais.

Com o tempo, algumas dessas consequências tornam-se evidentes para os controladores, que, então, adotam vários outros mecanismos e controles em uma tentativa de evitá-las. Entre esses mecanismos, figuram o racionamento, o controle de custos, os subsídios e o tabelamento universal. Examinemos um de cada vez.

Quando se evidencia o surgimento da falta de uma mercadoria como resultado do preço fixado abaixo do nível do mercado, os consumidores ricos são acusados de adquirirem "mais do que, por justiça, lhes cabe"; ou, tratando-se de matéria-prima que entra na fabricação, firmas individuais são acusadas de "acumulá-la". O governo, então, adota uma série de medidas a respeito de quem deverá ter prioridade para comprá-la, ou a quem deve ser distribuída, e em qual quantidade, ou como deverá ser racionada. Se é adotado um sistema de racionamento, isso significa que cada consumidor só poderá ter certo suprimento máximo, independente de quanto esteja disposto a pagar para receber mais.

Em síntese, caso se adote o sistema de racionamento, isso significa que o governo adota um sistema de preços duplos ou um sistema de dualidade de moeda, no qual cada consumidor deverá possuir certo número de cupons ou "pontos", além de certa importância em dinheiro. Em outras palavras, o governo procura fazer, por meio do racionamento, parte da tarefa que um mercado livre teria feito por meio dos preços. Apenas parte da tarefa – saliento eu –, porque o racionamento limita apenas a procura, sem estimular, também, a oferta, como teria feito um preço mais alto.

O governo talvez procure garantir a oferta estendendo seu controle sobre o custo de produção de determinada mercadoria. A fim de impedir a elevação do preço da carne no varejo, por exemplo, pode fixar seu preço no atacado, o preço nos frigoríficos, do gado em pé, das rações, e os salários dos que trabalham nas fazendas. Para impedir a elevação do preço do leite na entrega, pode tentar fixar os salários dos motoristas de caminhões que transportam leite, o preço dos contêineres, o preço do pecuarista, o preço das forragens. Para fixar o preço do pão, pode fixar os salários nas padarias, o preço da farinha, o lucro dos moleiros, o preço do trigo etc.

Mas o governo, ao estender para trás o tabelamento de preços, estende ao mesmo tempo as consequências que, a princípio, o impeliram à medida. Admitindo-se que ele tenha coragem para tabelar esses custos e seja capaz de impor suas decisões, então, isso, por sua vez, simplesmente gera escassez de vários fatores – mão de obra, forragens, trigo, ou seja lá o que for – que entram na produção da mercadoria acabada. Assim, o governo é impelido a controles em círculos cada vez maiores, e as consequências finais serão as mesmas do que as do tabelamento universal.

O governo pode tentar enfrentar essa dificuldade por meio de subsídios. Reconhece, por exemplo, que, quando mantém o preço do leite ou da manteiga abaixo do nível do mercado, ou abaixo do nível relativo no qual fixa outros preços, a consequência pode ser uma carência, por causa dos salários ou margens de lucro mais baixas para a produção de leite ou manteiga, em comparação com outros produtos. Portanto, o governo tenta compensar isso pagando um subsídio aos produtores de leite e manteiga. Deixando de lado as dificuldades administrativas nisso envolvidas, e admitindo que o subsídio é suficiente apenas para assegurar certa produção de leite e manteiga então desejada, fica claro que, embora o subsídio seja pago aos produtores, são os consumidores que de fato estão sendo subsidiados. Pois os produtores, no saldo líquido, não estarão recebendo, pelo leite e pela manteiga, mais do que lhes teria sido permitido cobrar no mercado livre. Os consumidores, entretanto, receberão leite e manteiga a preços muito inferiores ao do mercado livre. Estarão sendo subsidiados na importância correspondente à diferença, isto é, a quantia do subsídio paga ostensivamente aos produtores.

Ora, a menos que a mercadoria subsidiada seja também racionada, são os indivíduos de maior poder aquisitivo que poderão comprar maior quantidade dela. Isso significa que estão sendo mais subsidiados do que os de menor poder aquisitivo. Quem subsidia os consumidores dependerá da incidência da tributação. No entanto, os homens, na posição de contribuintes, estarão subsidiando a si mesmos como consumidores. Torna-se um pouco difícil averiguar, nesse labirinto, exatamente quem está subsidiando quem. O que se esquece é que os subsídios são pagos por alguém, e que não se descobriu qualquer método pelo qual a comunidade consiga alguma coisa por nada.

III

O tabelamento de preços poderá parecer bem-sucedido durante um breve período. Poderá parecer funcionar bem durante certo tempo – especialmente no decurso de uma guerra, quando é apoiado pelo patriotismo e por uma sensação de crise. Entretanto, quanto mais tempo estiver em vigor, tanto mais aumentarão suas dificuldades. Quando os preços são arbitrariamente contidos por imposição governamental, a procura sobrepuja *cronicamente* a oferta. Vimos que, se o governo procura impedir a falta de uma mercadoria, reduzindo também os preços de mão de obra, de matéria-prima e de outros fatores que incluídos no custo da produção, cria, por sua vez, escassez de todos esses elementos. Contudo, ao seguir esse curso, não só achará necessário estender o controle de preço cada vez mais para baixo ou "verticalmente", como também achará não menos necessário expandi-lo "horizontalmente". Se racionarmos um produto e o público não conseguir quantidade suficiente dele, embora tenha ainda poder aquisitivo de sobra, recorrerá a algum sucedâneo. Em outras palavras, o racionamento de cada produto à medida que ele se torna escasso exerce pressão cada vez maior sobre os produtos não racionados existentes. Se admitirmos que o governo foi bem-sucedido em seus esforços para impedir a formação do mercado negro (ou, pelo menos, impedir que se desenvolva em uma escala suficiente para anular os preços legais), um contínuo controle de preços irá levá-lo a racionar um número cada vez maior de produtos. Tal racionamento não poderá parar para os consumidores. Na Segunda Guerra Mundial, não parou para os consumidores. De fato, aplicou-se, antes de tudo, à distribuição de matéria-prima aos produtores.

A consequência natural de um controle geral, visando a perpetuar determinado nível histórico de preços, será, em última instância, uma economia inteiramente regulamentada. Os salários teriam que ser contidos tão rigidamente quanto os preços. A mão de obra teria de ser racionada tão implacavelmente quanto a matéria-prima. O resultado final seria que o governo indicaria, a cada consumidor, não só a quantidade disponível, como também, a cada fabricante qual a quantidade precisa de cada matéria-prima ele poderia ter, e qual a quantidade de mão de obra.

Não se poderiam tolerar os lanços competitivos por trabalhadores, assim como os lanços competitivos por matéria-prima. O resultado seria uma economia totalitária petrificada, com todas as firmas comerciais e todos os trabalhadores à mercê do governo, e o abandono final de todas as liberdades tradicionais que conhecemos. Conforme Alexander Hamilton (1755-1804) assinalou há um século e meio, em *The Federalist* [*O Federalista*][18]: *"O controle sobre subsistência do homem implica o controle sobre sua vontade"*.

IV

Estas são as consequências do que se poderia descrever como controle de preços "perfeito", prolongado e "não político". Conforme ficou amplamente demonstrado em vários países – especialmente na Europa, durante e após a Segunda Guerra Mundial –, alguns dos mais fantásticos erros dos burocratas foram mitigados pelo mercado negro. Em alguns países, o mer-

---

[18] HAMILTON, Alexander; JAY, John & MADISON, James. *O Federalista*. Lisboa: Fundação Calouste Gulbenkian, 2ª Ed., 2011.

cado negro continuou crescendo, à expensa daquele de preços tabelados, legalmente reconhecidos, até que, de fato, se transformou *no* mercado. No entanto, mantendo nominalmente o teto dos preços, os políticos no poder procuraram mostrar que seus corações – quando não seus pelotões de policiamento – estavam no lugar certo.

O mercado negro suplantou, finalmente, o mercado legal de preços tabelados, mas não se deve supor que isso não tenha causado mal algum. O mal foi econômico e moral. Durante o período de transição, as grandes firmas, há muito estabelecidas, com grande investimento de capital e grande dependência de sua reputação junto ao público, foram forçadas a restringir ou suspender a produção. Seu lugar é tomado por firmas financeiramente irresponsáveis, com pequeno capital e pouca experiência acumulada no tocante à produção. Essas novas firmas, comparadas com as que substituem, são ineficientes; produzem mercadorias inferiores e desonestas a custo muito mais alto do que os antigos estabelecimentos requeriam para produzir as suas. A desonestidade é estimulada; as novas firmas devem sua existência ou seu crescimento ao fato de estarem dispostas a violar a lei; seus clientes conspiram com elas; e, como consequência natural, a desmoralização espalha-se por todas as atividades comerciais.

Além disso, é raro que qualquer esforço honesto seja feito pelas autoridades que tabelam os preços apenas para preservar o nível dos preços existentes quando iniciaram seus esforços. Declaram que sua intenção é "não ceder às pressões provocadas pelas dificuldades". Logo, porém, sob a alegação de "corrigir iniquidades" ou "injustiças sociais", começam a tabelar discriminadamente, dando o máximo para os grupos politicamente poderosos e o mínimo para os outros grupos.

Como a força política, hoje em dia, é mais comumente medida pelos votos, os grupos que as autoridades quase sempre procuram favorecer são os operários e os fazendeiros. Afirma-se, a princípio, que salários e custo de vida não têm ligação uns com os outros; que salários podem ser facilmente aumentados, sem que isso implique aumentos de preços. Quando se evidencia que os salários podem ser aumentados somente à expensa dos lucros, os burocratas começam a alegar que os lucros já eram demasiados altos, e que o aumento de salários e a contenção dos preços ainda permitirão "lucro razoável". Como não existe uma *taxa* uniforme de lucro, pois os lucros diferem de empresa para empresa, o resultado dessa política é fazer com que as empresas menos lucrativas saiam do mercado e desencorajar ou cessar a produção de certos artigos. Disso decorrem o desemprego, a diminuição da produção e o declínio dos padrões de vida.

V

O que está na base de todos os esforços para fixação de tetos de preços? Há, antes de tudo, um mal-entendido a propósito de o que vem causando a alta dos preços. A verdadeira causa é a escassez de mercadorias ou o excesso de dinheiro. Tetos de preços legais não constituem, tampouco, remédio para a situação. De fato, conforme acabamos de ver, eles apenas intensificam a escassez de mercadorias. O que fazer com o excesso de dinheiro será discutido em um capítulo posterior. Porém, um dos erros que está por trás da campanha em prol do tabelamento de preços é o principal assunto deste livro. Do mesmo modo que os infindáveis planos para aumentar preços de mercadorias favorecidas são o resultado de se pensar apenas nos interesses dos produtores imediatamente envolvidos, esquecendo-se dos interesses dos consumidores, os planos para conter os preços por meio de decretos são o resultado de se pensar somente nos interesses de curto prazo das pessoas como consumidores, esquecendo-se de seus interesses como produtores. E o apoio político para tais políticas decorre de uma confusão similar no espírito do público. O público não deseja pagar mais por leite, manteiga, sapatos, móveis, aluguéis, entradas de teatros ou diamantes. Sempre que qualquer desses itens se eleva acima do nível anterior, o consumidor fica enfurecido e julga que está sendo roubado.

A única exceção é o artigo por ele mesmo fabricado. Aqui, o consumidor compreende e aprecia a razão dada para o aumento. No entanto, é sempre provável que considere seu negócio uma exceção. "Ora, meu próprio negócio" – dirá – "é peculiar e o público não o compreende. O custo da mão de obra subiu; os preços da matéria-prima, também; esta ou aquela matéria-prima não está sendo mais importada, e deve ser feita no país a custo mais elevado. Além disso, aumentou a procura pelo produto, e, portanto, deve-se permitir que a empresa determine os preços necessários a estimular a expansão de sua oferta, para atender a procura". E assim por diante. Todo mundo, como consumidor, compra uma centena de diferentes produtos. Como produtor, fabrica, geralmente, apenas um. Ele pode perceber a iniquidade da contenção do preço *deste*. Da mesma maneira que cada fabricante deseja um preço mais alto para seu produto, assim também cada trabalhador deseja um ordenado ou salário mais elevado. Na condição de produtor, cada um pode ver que o controle do preço está restringindo a produção em seu ramo. Contudo, quase todos se recusam a generalizar essa observação, pois a generalização significa que têm que pagar mais pelo produto de *outros*.

Cada um de nós, em síntese, tem múltipla personalidade econômica. Cada um de nós é produtor, contribuinte e consumidor. As políticas que cada um defende dependem de como a pessoa considera a si mesma em dado momento, pois, às vezes, é-se um Dr. Jekyll, e, às vezes, um Mr. Hyde – ou seja, às vezes somos médicos, às vezes, monstros. Como produtores, desejamos a inflação (pensando principalmente em nossos próprios serviços ou produtos); como consumidores, desejamos tetos de preços (pensando principalmente no que devemos pagar pelos produtos de terceiros). Como consumidores, podemos defender os subsídios ou concordar com eles; como contribuintes, repugna-nos pagá-los. É provável que cada pessoa pense poder manobrar as forças políticas de modo a se beneficiar com um aumento para seu produto (enquanto o custo da matéria-prima que usa está contido legalmente) e, ao mesmo tempo, se beneficiar com o controle dos preços, como consumidor. A maioria, entretanto, estará ludibriando a si mesma, pois não só deve haver, pelo menos, perda e ganho idênticos nessa manobra política de preços, como deve haver muito *mais* perda do que ganho, porque o tabelamento desencoraja e desorganiza o emprego e a produção.

Capítulo 18 | O que Faz o Controle de Aluguéis

O controle de aluguéis de casas e apartamentos pelo governo é um tipo especial de controle de preços. A maioria de suas consequências é, substancialmente, igual às do controle de preços em geral, mas algumas exigem consideração especial.

Os controles de aluguéis são, às vezes, impostos como uma parte dos controles de preços em geral. No entanto, na maioria das vezes, são decretados por uma lei especial. Uma ocasião frequente é no começo de uma guerra. Um posto do Exército é instalado em uma pequena cidade. Então, as hospedarias aumentam as diárias dos quartos, assim como os proprietários de apartamentos e casas aumentam os seus aluguéis. Isto leva à indignação do povo. Ou, então, casas em algumas cidades podem ser de fato destruídas por bombas, e a necessidade de armamentos ou outros suprimentos desvia os materiais e mão de obra das indústrias de construção.

A princípio, o controle dos aluguéis é imposto sob a alegação de que o suprimento de casas não é "elástico", ou seja, que a crise de moradia não pode ser solucionada imediatamente, não importa a alta que os aluguéis possam sofrer. Portanto, argumenta-

-se que o governo, ao proibir os aumentos de aluguéis, protege os inquilinos da extorsão e da exploração, sem causar nenhum dano real aos proprietários e sem desencorajar novas construções.

Este argumento é falho mesmo na hipótese de que o controle dos aluguéis não será mantido por muito tempo, pois negligencia uma consequência imediata. Se os proprietários puderem aumentar os aluguéis para refletir uma inflação monetária e as condições verdadeiras de oferta e demanda, os inquilinos particulares economizarão, ocupando menos espaço. Tal fato permitirá que outros compartilhem as acomodações que estão com suprimento deficiente. A mesma quantidade de moradias abrigará mais pessoas, até que desapareça a deficiência.

O controle de aluguéis, todavia, encoraja o desperdício de espaço. Discrimina a favor daqueles que já ocupam casas ou apartamentos em uma determinada cidade ou região à custa daqueles que se encontram do lado de fora. Permitir que os aluguéis aumentem até os níveis do mercado livre dá a todos os inquilinos ou futuros inquilinos oportunidade igual na oferta de espaço. Nas condições de inflação monetária ou crise real de moradia, os aluguéis certamente também aumentariam se os proprietários não puderem estabelecer um preço por conta própria, mas se lhes for permitido apenas aceitar as ofertas mais competitivas dos inquilinos.

Quanto mais tempo persistir o controle de aluguéis, piores tornam-se suas consequências. Novas moradias não são construídas porque não há incentivos para construí-las. Com o aumento dos custos das construções (comumente como resultado da inflação), o nível antigo dos aluguéis não dará lucro. Se, como costuma acontecer, o governo finalmente reconhecer isto e isentar as novas moradias do controle de aluguéis, não haverá, ainda, um incentivo para tantas construções novas quanto haveria se as mais velhas estivessem, também, livres do controle de aluguéis.

Dependendo da extensão da desvalorização do dinheiro a partir do momento em que os aluguéis antigos foram legalmente congelados, os aluguéis para as novas moradias podem ser dez ou vinte vezes mais altos do que o aluguel, em espaço equivalente, das antigas. (Isto realmente aconteceu na França depois da Segunda Guerra Mundial, por exemplo). Em tais condições, os inquilinos das antigas moradias relutam em se mudar, independente do aumento de suas famílias ou da deterioração das acomodações existentes.

Por causa dos aluguéis com tabelamento baixo nos edifícios velhos, os locatários já morando neles, e legalmente protegidos contra os aumentos de aluguéis, são encorajados a usar o espaço de modo desperdiçador, quer suas famílias se tornem menores, ou não. Isto concentra a pressão imediata de nova demanda nas relativamente poucas moradias novas. A tendência é elevar seus aluguéis, no começo, a um nível mais alto do que alcançariam em um mercado inteiramente livre.

Todavia, isto não encorajará, correspondentemente, a construção de novas moradias. Construtores ou proprietários de prédios de apartamentos preexistentes, encontrando-se com lucros restritos, ou talvez mesmo com prejuízo, com seus apartamentos antigos, terão pouco ou nenhum capital para empregar em novas construções. Ademais, eles, além de outros com capital de outras fontes, talvez temam que o governo possa, a qualquer momento, encontrar uma desculpa para impor controle de aluguéis até mesmo para os prédios novos. E isso acontece frequentemente.

A situação da moradia irá deteriorar-se de outras maneiras. O mais importante, a menos que sejam permitidos os aumentos de aluguéis apropriados: os proprietários não se interessarão em reformar os apartamentos ou fazer outras melhorias. De fato, onde o controle de aluguéis for particularmente fora da realidade ou opressivo, os proprietários nem mesmo manterão as casas ou apartamentos alugados em condições de conservação toleráveis. Eles não só não terão incentivos econômicos para fazer isto, como podem nem mesmo dispor de recursos para tanto. As leis de controle de aluguéis, entre outros efeitos, criam um mal-estar entre os proprietários que são forçados a ter lucros mínimos, ou mesmo prejuízos, e os inquilinos, que se ressentem do fracasso dos proprietários em fazer os reparos adequados.

Um próximo passo comum das asembleias legislativas, que agem meramente sob pressões políticas ou ideias econômicas confusas, é retirar do controle de aluguéis os apartamentos de "luxo", enquanto mantêm sob controle aqueles de baixo ou médio nível. O argumento é o de que os inquilinos ricos podem pagar aluguéis mais caros, e os pobres, não.

O efeito em longo prazo deste artifício discriminatório, todavia, é exatamente o oposto do que seus defensores pretendiam. Os construtores e proprietários de apartamentos de luxo são incentivados e premiados; os construtores e proprietários de apartamentos das moradias de baixa renda, de que se necessita mais, são desencorajados e punidos. Os primeiros estão livres para ter lucros tão grandes quanto as condições de oferta e demanda lhes permitam; e os últimos, deixados sem incentivos (ou mesmo capital) para construir mais moradias de baixa renda.

O resultado é um encorajamento comparativo para a reforma e restauração de apartamentos de luxo, e uma tendência de as novas construções privadas se transformarem em apartamentos de luxo. Contudo, não há incentivos para a construção de novas moradias de baixa renda, ou mesmo para conservar as existentes em boas condições. As acomodações para os grupos de baixa renda, portanto, irão deteriorar-se em qualidade, e não haverá aumento em quantidade. Onde a população estiver aumentando, a deterioração e a crise de moradias de baixa renda vão se agravar cada vez mais. Isso pode chegar ao ponto de que muitos proprietários não só deixarão de ter qualquer lucro, como também enfrentarão perdas elevadas e compulsórias. Eles podem chegar à conclusão de que nem sequer poderão dar suas propriedades, e poderão de fato abandonar suas propriedades e desaparecer, para não estar sujeitos a impostos. Quando os proprietários deixarem de fornecer aquecimento e outros serviços básicos, os inquilinos serão obrigados a abandonar seus apartamentos. Cada vez mais bairros serão reduzidos a cortiços. Nos últimos anos, na cidade de Nova York, é comum verem-se quarteirões inteiros de apartamentos abandonados, com janelas quebradas, ou com tábuas pregadas para evitar futuras devastações por vândalos. Incêndios criminosos tornam-se mais frequentes, e os proprietários são os suspeitos.

Um efeito adicional é a erosão da receita das cidades, porque a base do valor imobiliário para os impostos continua a encolher. Cidades irão à bancarrota, ou não poderão continuar a fornecer serviços básicos.

Quando estas consequências estiverem tão claras que se tornem patentes, não há, naturalmente, reconhecimento da parte dos que impõem o controle de aluguéis de que cometeram um erro. Em vez disso, eles denunciam o sistema capitalista. Argumentam que a empresa privada "falhou" outra vez, que a "empresa privada não é capaz de cumprir essa tarefa". Argumenta-se, portanto, que o Estado deve agir e, por si mesmo, construir as moradias de baixa renda.

Este foi o resultado quase universal em todos os países que estiveram envolvidos na Segunda Guerra Mundial ou impuseram o controle de aluguéis em um esforço para vencer a inflação monetária.

Assim, o governo lança um gigantesco programa de moradia – à custa dos contribuintes. As casas são alugadas a uma taxa que não dá para pagar os custos da construção e operação. Um arranjo típico é o governo pagar subsídios anuais diretamente aos inquilinos com aluguéis mais baixos, ou aos construtores ou empreiteiros do programa de moradia do Estado. Qualquer que seja o arranjo nominal, os inquilinos nos edifícios estão sendo subsidiados pelo resto da população. Estão tendo parte de seus aluguéis pagos. Estão sendo selecionados para um tratamento favorecido. As possibilidades políticas desse favoritismo são tão claras que não necessitam ser acentuadas. Um grupo de pressão se forma, e acredita que o pagamento destes subsídios pelos contribuintes é matéria de direito. Um outro passo, quase irreversível, é dado no sentido de um total Estado de Bem-estar Social.

A ironia final do controle de aluguéis é que, quanto mais irrealista, draconiano e injusto ele for, com mais ardência os políticos lutam pela sua manutenção. Se os aluguéis legalmente fixados são, em média, 95% tão altos quanto seriam no mercado livre, é apenas uma pequena injustiça que está sendo feita aos proprietários, e não há uma forte objeção política para eliminar o controle de aluguéis, porque os inquilinos terão que pagar somente aumentos em uma porcentagem de cerca de 5%. No entanto, se a inflação da moeda foi tão alta, ou as leis de controle de aluguéis, tão repressivas e irrealistas, que os aluguéis legalmente fixados sejam apenas 10% do que seriam no mercado livre de aluguéis, e tremenda injustiça esteja sendo feita aos proprietários e locadores, haverá uma grande grita acerca dos terríveis males de abolir os controles e forçar os inquilinos a pagarem um aluguel econômico. O argumento apresentado é o de que seria inexprimivelmente cruel e exorbitante pedir para os inquilinos pagarem tal aumento tão repentino e grande. Mesmo os oponentes do controle de aluguéis ficam, então, dispostos a concordar que a extinção dos controles deve ser um processo muito cauteloso, gradual e prolongado. Mas poucos dos oponentes do controle de aluguéis, de fato, têm a coragem política e a visão econômica dessas circunstâncias para sequer pedir a abolição de controle gradual. Em suma, quanto mais realista e injusto for o controle de aluguéis, será, politicamente, mais difícil livrar-se dele. Em vários países, o controle de aluguéis calamitoso tem sido mantido anos depois de outras formas de controle de preços terem sido abandonadas.

As desculpas políticas oferecidas para a manutenção do controle de aluguéis ultrapassam a credibilidade. A lei diz, algumas vezes, que os controles podem ser suspensos quando a "taxa de moradias vagas" estiver acima de certo número. Os funcionários públicos que mantêm o controle de aluguéis insistem em dizer triunfantemente que a taxa de moradias vagas ainda não alcançou aquele número. Claro que não. O próprio fato real de os aluguéis legais serem mantidos tão abaixo do mercado de aluguéis aumenta artificialmente a demanda de espaço para alugar, desencorajando, ao mesmo tempo, qualquer aumento na oferta. Desse modo, quanto mais exageradamente baixos forem mantidos os tetos dos aluguéis, mais certo será que a "escassez" de casas e apartamentos de aluguel continuará.

A injustiça imposta aos proprietários é flagrante. Repetindo, eles são forçados a subsidiar os aluguéis pagos por seus inquilinos, frequentemente à custa de grandes perdas líquidas. Os inquilinos subsidiados com frequência podem ser mais ricos do que os proprietários forçados a assumir parte do que, de outro modo, seria seu aluguel de mercado. Os políticos ignoram isto. Homens de outros ramos de negócios, que apoiam a imposição ou a manutenção do controle de aluguéis, porque seus corações sofrem pelos inquilinos, não chegam ao ponto de sugerir que eles próprios sejam convidados a assumir parte do subsídio dos inquilinos por meio de taxação. O peso total recai sobre o único pequeno grupo de pessoas perversas o bastante para terem construído ou possuírem moradia para alugar.

Poucas palavras carregam um significado ultrajante mais forte do que *proprietário de cortiço*. E o que significa um proprietário de cortiço? Ele não é um homem que possui propriedades caras em bairros elegantes, mas alguém que possui somente propriedades em mau estado de conservação em cortiços, cujos aluguéis são os mais baixos, e cujo pagamento é o mais atrasado, irregular e inseguro. Não é fácil imaginar por que (exceto por perversidade natural) um homem que poderia alugar casas decentes se decide ser senhorio de cortiços.

    Quando controles de preços irracionais são aplicados a artigos de consumo imediato, como pão, por exemplo, os padeiros podem simplesmente se recusar a continuar a fazer o produto e vendê-lo. Obviamente, uma crise se instala de imediato, e os políticos são compelidos a aumentar os tetos de preços ou repeli-los. Mas a moradia é muito durável. Pode levar muitos anos antes de os inquilinos começarem a sentir os resultados do desestímulo para novas construções e para manutenção e reformas normais. Pode levar ainda mais tempo antes de eles compreenderem que a escassez e a deterioração da moradia estão diretamente ligadas ao controle de aluguéis. Entrementes, enquanto os proprietários estão obtendo algum lucro líquido, seja qual for, acima dos seus impostos e juros hipotecários, eles parecem não ter outra alternativa a não ser continuar mantendo a posse e alugando suas propriedades. Os políticos – lembrando que há mais eleitores entre os inquilinos do que entre os proprietários – cinicamente continuam com o controle de aluguéis por muito tempo após terem sido forçados a desistir dos controles gerais de preços.

    Assim, voltamos à nossa lição básica. A pressão para o controle de aluguéis vem daqueles que consideram apenas os benefícios imaginados em curto prazo para um grupo da população. No entanto, quando consideramos seus efeitos, em *longo prazo*, sobre *todos*, incluindo os próprios inquilinos, reconhecemos que o controle de aluguéis não é apenas cada vez mais fútil, é cada vez mais destrutivo, quanto mais rigoroso for e quanto mais tempo permanecer como prática.

Capítulo 19 | Leis do Salário Mínimo

I

Já vimos alguns dos resultados prejudiciais dos esforços arbitrários do governo para elevar o preço de mercadorias favorecidas. A mesma espécie de resultados ocorre com os esforços para elevar os salários mediante leis que fixam salários mínimos. Isso não devia ser uma surpresa, pois o salário é, de fato, um preço. É lamentável para a clareza do pensamento econômico que o preço dos serviços do trabalho tenha recebido um nome inteiramente diferente de outros preços. Tal fato tem impedido que a maioria das pessoas reconheça que o mesmo princípio governa a ambos.

O pensamento tem-se tornado tão emocional e tão politicamente parcial na questão salarial que, na maioria dos debates sobre a questão, se ignoram os mais simples princípios. Pessoas que estariam entre as primeiras a negar que se pudesse criar prosperidade elevando-se artificialmente os preços, pessoas que figurariam entre as primeiras a assinalarem que as leis que fixam salários mínimos são prejudiciais às próprias indústrias que elas pretendem auxiliar, defendem, não obstante, essas leis, e denunciam, sem receio, seus opositores.

Devia, entretanto, ser claro que uma lei que fixa salário mínimo é, na melhor das hipóteses, uma arma limitada para combater o mal dos salários baixos, e que o possível bem a ser conseguido com esta lei somente superará o possível mal em proporção, pois seus objetivos são modestos. Quanto mais ambiciosa for tal lei, tanto maior o número de trabalhadores que procura amparar; e, quanto mais tenta elevar-lhes os salários, mais certamente seus efeitos danosos superarão quaisquer bons efeitos possíveis.

A primeira coisa que acontece, por exemplo, ao ser decretada uma lei que estabelece que ninguém receberá menos de US$106 por semana de 40 horas, é que ninguém que não valha US$106 por semana para um patrão será empregado. Não se pode fazer com que um homem valha uma determinada importância tornando ilegal que qualquer um lhe ofereça importância menor. Ele está simplesmente sendo privado do direito de ganhar a importância que suas aptidões e sua situação lhe permitiriam ganhar, ao mesmo tempo em que a comunidade está sendo privada até dos modestos serviços que ele possa prestar. É, em suma, substituir o salário baixo pelo desemprego. Todos estão sendo prejudicados, sem qualquer compensação comparável. A única exceção a isso ocorre quando um grupo de trabalhadores está recebendo salários nitidamente abaixo do respectivo valor no mercado de trabalho. É provável que isso aconteça só em circunstâncias especiais ou em localidades nas quais as forças concorrenciais não operam livre ou adequadamente. No entanto, todos esses casos excepcionais poderiam ser remediados, eficazmente, com maior flexibilidade e danos potenciais muito menores, pela sindicalização.

Pode-se pensar que, se a lei força o pagamento de salários mais elevados em determinada indústria, esta, em consequência, pode cobrar preços mais altos por seu produto, de sorte que a carga de salários mais elevados passa, simplesmente, para os consumidores. Essa passagem, porém, não se faz facilmente, nem é consequência da elevação artificial dos salários da qual se escapa facilmente. Um preço mais alto para o produto pode não ser possível. Pode apenas fazer com que os consumidores procurem produtos equivalentes importados ou algum sucedâneo. Ou, se os consumidores continuam a comprar o produto da indústria cujos salários foram aumentados, o preço mais alto os obrigará a comprar menos. Enquanto alguns trabalhadores da indústria se beneficiam com um salário mais alto, outros, portanto, perderão o emprego. Por outro lado, se não se elevar o preço do produto, produtores marginais na indústria serão expulsos do mercado. Assim, simplesmente gera-se a redução da produção e o consequente desemprego de outra forma.

Ao serem assinaladas essas consequências, há quem replique: "Muito bem; se é verdade que a indústria X não pode subsistir a menos que pague salários de fome, então, é melhor mesmo que o salário mínimo a elimine por completo". Mas esse bravo pronunciamento ignora a realidade. Ignora, em primeiro lugar, que os consumidores sofrerão a perda do produto. Ignora, em segundo lugar, que está simplesmente condenando ao desemprego as pessoas que trabalham nesta indústria. E, finalmente, ignora que, embora o salário pago na indústria X não fosse bom, era, entretanto, a melhor entre todas as alternativas que se ofereciam aos trabalhadores dessa indústria; do contrário, eles teriam ido para outra indústria. Se, portanto, a indústria X é eliminada em virtude de uma lei de salários mínimos, então aqueles que antes nela trabalhavam serão forçados a voltar-se para outras alternativas que a princípio lhes pareciam menos atraentes. A concorrência deles por trabalho afetará os salários oferecidos até nessas ocupações alternativas. Não se pode fugir à conclusão de que o salário mínimo aumentará o desemprego.

II

Além disso, surgirá um problema delicado com o programa de assistência destinado a cuidar do desemprego causado pela lei de salários mínimos. Com um salário mínimo de, digamos, US$2,65 a hora, proibimos quaisquer pessoas de trabalhar 40 horas em uma semana por menos de US$106. Suponhamos, agora, que ofereçam apenas US$70 por semana como auxílio. Isso significa que proibimos um homem de ser utilmente empregado a, digamos, US$90 semanais, a fim de podermos sustentá-lo, na ociosidade, a US$70 por semana. Privamos a sociedade do valor de seus serviços. Privamos o homem da independência e do respeito próprio, que advém da autossuficiência, mesmo em baixo nível, e de executar o trabalho que deseja, ao mesmo tempo em que reduzimos o que ele poderia receber com seu próprio esforço.

Tais consequências ocorrem contanto que o pagamento do auxílio seja pelo menos 1 centavo abaixo de US$106. Mas, quanto mais alto for o pagamento do auxílio, pior a situação sob outros aspectos. Se oferecemos US$106 de auxílio, estamos oferecendo a muitos homens, para não trabalharem, a mesma importância que oferecemos para trabalharem. Além disso, qualquer que seja a importância oferecida como auxílio, estamos criando uma situação em que todo mundo estará trabalhando só pela *diferença* entre seu salário e o valor do auxílio. Por exemplo, se o auxílio é de US$106 semanais, os trabalhadores aos quais se oferece o salário de US$2,75 a hora, ou US$110 por semana, de fato estão, em sua própria visão, sendo solicitados a trabalhar por apenas US$4 por semana, pois podem obter o restante sem fazer coisa alguma.

Talvez pensem que podemos escapar dessas consequências oferecendo "assistência por meio de empregos em obras públicas", em vez de "assistência para que o trabalhador permaneça em casa". Com isso, no entanto, estamos simplesmente mudando a natureza das consequências. A "assistência por meio de empregos em obras públicas" significa que estamos pagando aos beneficiários mais do que o mercado livre lhes pagaria por seus esforços. Somente uma parte de seu salário de auxílio é, portanto, a paga de seus esforços (em trabalho, muitas vezes, de utilidade duvidosa), enquanto o restante é um seguro-desemprego disfarçada.

Falta indicar que a criação pelo governo de empregos só para dar ocupação a quem não tem é necessariamente ineficiente e de utilidade questionável. O governo precisa inventar projetos que empreguem os menos qualificados. Não pode começar a ensinar às pessoas ofícios de carpinteiro, pedreiro e similares, receando competir com qualificações estabelecidas e suscitar antagonismo por parte dos sindicatos existentes. Não o estou recomendando, mas, provavelmente, seria menos nocivo para todos se o governo, em primeiro lugar, subsidiasse livremente os salários dos trabalhadores submarginais nos trabalhos que eles já fazem. Todavia, isto por si só criaria outras dores de cabeça políticas.

Não precisamos mais persistir neste argumento, pois nos levaria a problemas não relevantes de imediato. Mas devemos ter em mente as dificuldades e consequências do auxílio quando consideramos a adoção de leis de salários mínimo ou um aumento nos mínimos já fixados[19].

---

[19] Em 1938, quando o salário-hora médio pago em todas as indústrias nos Estados Unidos era cerca de US$0,63 por hora, o Congresso estabeleceu um mínimo legal de apenas US$0,25. Em 1945, quando o salário médio de fábrica tinha subido para US$1,02 por hora, o Congresso elevou o mínimo legal para US$0,40. Em 1949, quando o salário médio de fábrica tinha sido elevado para US$1,40 por hora, o Congresso elevou, novamente, o mínimo para US$0,75. Em 1955, quando o médio foi elevado para US$1,88, o Congresso subiu o mínimo para US$1. Em 1961, com o salário médio de fábrica a cerca de US$2,30 por hora, o mínimo foi elevado para US$1,15 em 1961 e para US$1,25 em 1963.

Antes de concluirmos o tópico, eu talvez deva mencionar outro argumento às vezes apresentado para fixar um índice de salário mínimo por lei. Ele é o de que, em uma indústria em que uma grande companhia tem um monopólio, ela não precisa temer a concorrência e pode oferecer salários abaixo dos do mercado. Esta é uma situação altamente improvável. Essa companhia de "monopólio" deve oferecer altos salários quando está em formação a fim de atrair a mão de obra de outras indústrias. Depois disso, poderia, teoricamente, deixar de aumentar os índices salariais tanto quanto as outras indústrias, e, assim, pagar salários "abaixo do padrão" para aquela qualificação especializada em particular. No entanto, isto provavelmente aconteceria apenas se aquela indústria (ou companhia) estivesse em decadência ou em retração; se fosse próspera ou estivesse em expansão, teria de continuar a oferecer altos salários para aumentar sua força de trabalho.

Sabemos, por experiência, que são as grandes companhias – aquelas mais frequentemente acusadas de serem monopólios – que pagam os mais altos salários e oferecem as mais atrativas condições de trabalho. Normalmente, são as pequenas firmas marginais, talvez por sofrerem com concorrência excessiva, que oferecem os menores salários. Mas todos os empregadores devem pagar o suficiente para segurar os empregados ou atraí-los de outras indústrias.

Para resumir o histórico, o salário mínimo foi elevado para US$1,40 em 1967; para US$1,60, em 1968; para US$2, em 1974; para US$2,10, em 1975; e para US$2,30, em 1976 (quando o salário médio em todo trabalho não agrícola no setor privado era de US$4,87). Depois, em 1977, quando o salário médio real por hora em trabalho não agrícola era de US$5,26, o salário mínimo foi elevado para US$2,65 por hora, com cláusulas previstas para elevá-lo ainda mais em cada um dos três anos seguintes. Assim, quando o salário-hora predominante sobe, os defensores do salário mínimo decidem que o mínimo legal deve ser elevado, pelo menos, correspondentemente. Embora a legislação siga a elevação do índice salarial prevalecente no mercado, o mito de que é a legislação do salário mínimo que eleva o salário de mercado continua a ser fortalecido.

III

Mas tudo isso não são argumentos de que não há meio de elevar os salários. Trata-se apenas de assinalar que o método aparentemente simples de elevá-los através de decreto governamental é o meio errado, e o pior de todos.

Talvez este seja um momento tão bom quanto qualquer outro para assinalar que o que distingue muitos reformadores dos que não aceitam suas propostas não é sua maior filantropia, mas sua maior impaciência. A questão não é se queremos ver todo mundo tão bem quanto possível. Entre homens de bem, pode-se considerar esse objetivo como algo dado. O verdadeiro problema diz respeito aos meios adequados para alcançá-lo. E, ao procurarmos dar resposta a isso, jamais devemos perder de vista alguns poucos truísmos elementares. Não podemos distribuir mais riqueza do que a existente. Não podemos, no longo prazo, pagar à mão de obra como um todo mais do que ela produz.

A melhor maneira de elevar salários, portanto, é aumentar a produtividade do trabalho marginal. Pode-se fazê-lo por meio de inúmeros métodos: maior acumulação de capital, isto é, aumento das máquinas que auxiliam os operários, novas invenções e novos aperfeiçoamentos, administração mais eficiente por parte dos empregadores, maior diligência e eficiência da parte dos trabalhadores, e educação e capacitação melhores. Quanto mais o trabalhador produz, tanto mais aumenta a riqueza de toda a comunidade. Quanto mais produz, tanto mais seus serviços têm valor para os consumidores e, portanto, para os empregadores. E, quanto mais o operário valer para o empregador, tanto maior será o salário que ganhará. O salário real resulta da produção, não de decretos governamentais.

Assim, a política governamental deveria ser dirigida não no sentido de impor mais exigências onerosas ao empregador, mas, ao contrário, no de seguir políticas que estimulem os lucros, que estimulem o empregador a expandir, a investir em máquinas melhores e mais modernas, para aumentar da produtividade dos trabalhadores – em resumo, estimular o acúmulo de capital, em vez de desestimulá-lo – e aumentar tanto o nível de emprego quanto o dos salários.

Capítulo 20 | Os Sindicatos Realmente Elevam os Salários?

I

A crença de que os sindicatos podem elevar substancialmente os salários reais em longo prazo e para toda a população economicamente ativa é uma das grandes ilusões da atualidade. Essa ilusão resulta, sobretudo, da falha em não se reconhecer que os salários são, basicamente, determinados pela produtividade do trabalho. É essa a razão pela qual, por exemplo, os salários nos Estados Unidos eram incomparavelmente mais altos do que na Inglaterra e na Alemanha no curso de todas as décadas em que o "movimento operário", nos dois últimos países citados, esteve muito mais adiantado.

A despeito da esmagadora evidência de que a produtividade do trabalho é a determinante fundamental dos salários, essa conclusão costuma ser esquecida ou ridicularizada pelos líderes sindicais e por aquele grande número de autores economistas que procuram adquirir a reputação de "progressistas" repetindo o que dizem os sindicalistas. Tal conclusão não se apoia, entretanto, na hipótese, como eles presumem, de que os empregadores são, uniformemente, homens amáveis e generosos, ansiosos por fazer o que é justo. Apoia-se na hipótese muito diferente de que o empregador está ansioso para aumentar ao máximo seus lucros. Se as pessoas estão dispostas a trabalhar por menos do que realmente valem para ele, por que não haveria o empregador de tirar o máximo proveito dessa disposição? Por que não deveria preferir, por exemplo, lucrar US$1 por semana com um operário, em vez de ver algum outro empregador lucrar US$2 por semana com ele? Enquanto essa situação existir, haverá, para os empregadores, a tendência de aumentar a oferta de salários para os trabalhadores até o máximo de seu valor econômico.

Tudo isso não significa que os sindicatos não possam desempenhar funções úteis ou legítimas. A função primordial que eles podem desempenhar é melhorar as condições locais de trabalho e garantir que todos os seus membros recebam, pelos serviços que prestam, o verdadeiro valor de mercado.

A concorrência de trabalhadores por empregos, e de empregadores por trabalhadores, não funciona perfeitamente. É improvável que, individualmente, operários e empregadores estejam completamente informados das condições do mercado de trabalho. Um trabalhador individual talvez desconheça o verdadeiro valor de mercado de seus serviços para um empregador. E, nessa negociação, ele pode ocupar uma posição fraca. Os erros de julgamento são muito mais prejudiciais a ele do que a um empregador. Caso um empregador se recuse, por engano, a contratar um operário cujos serviços talvez lhe trouxessem lucros, perde apenas o lucro líquido que poderia ter obtido se tivesse empregado o operário; e talvez ele empregue cem ou mil outros operários. No entanto, se um operário, por engano, recusa um emprego na crença de que poderá conseguir facilmente outro que lhe pagará mais, o erro talvez lhe venha a custar caro. Estão em jogo todos os seus meios de subsistência. Não só pode deixar de encontrar imediatamente outra oferta de emprego que lhe pague mais, como também pode não encontrar, durante certo tempo, outra oferta de emprego que sequer lhe ofereça o mesmo salário. E o tempo pode ser a essência de seu problema, porque ele e a família precisam comer. Ele pode, portanto, sentir-se tentado a aceitar um salário que sabe estar abaixo de seu "valor real", para não enfrentar esses riscos. Quando os operários de um empregador tratam com este como um organismo, e estabelecem um "salário padrão" conhecido para cada classe de trabalho, podem estar ajudando a equalizar o poder de barganha e os riscos que os erros envolvem.

É fácil, porém, para os sindicatos, conforme provou a experiência – especialmente com o auxílio de uma legislação trabalhista unilateral, que impõe obrigações apenas para os empregadores –, ir além de suas legítimas funções, agir irresponsavelmente e abraçar uma política de visão curta e antissocial. Fazem-no, por exemplo, sempre que procuram fixar os salários de seus membros acima do seu valor real de mercado. Tal tentativa sempre acarreta desemprego. Esse arranjo, na realidade, só pode ser firmado por meio de algum tipo de intimidação ou coerção.

Um dos processos é restringir o número de filiados do sindicato, baseando-se em qualquer outro elemento que não o da competência ou habilidade comprovadas. Essa restrição pode assumir inúmeras formas: pode consistir na cobrança aos novos trabalhadores de taxas de filiação excessivamente altas; em qualificações arbitrárias para se filiar; em discriminação, franca ou oculta, baseada em religião, raça ou sexo; em certa limitação absoluta para o número de filiados, ou na exclusão, pela força se necessário, não só dos produtos do trabalho não sindicalizado, mas também dos produtos mesmo de sindicatos afiliados em outros estados ou cidades.

O caso mais óbvio do emprego de intimidação e força para exigir ou conservar os salários dos membros de um determinado sindicato acima do valor real do mercado de trabalho é a greve. É possível se fazer uma greve pacífica. Contanto que se mantenha pacífica, é a arma legítima do operariado, muito embora deva ser empregada raramente e como último recurso. Se os operários, como um organismo, se negam a trabalhar, podem fazer com que o patrão inflexível, que os venha pagando mal, volte à razão. Talvez ele descubra que não poderá substituir esses operários por outros igualmente bons, mas dispostos a aceitar os salários que os primeiros agora rejeitam.

Mas, no momento em que os operários têm de empregar a intimidação ou a violência para fazer valer suas exigências – no momento em que se utilizam de piquetes para impedir que qualquer dos antigos trabalhadores continue a trabalhar, ou para impedir que o empregador contrate novos operários permanentes para substituí-los –, o caso torna-se discutível. Isso porque os piquetes estão, na realidade, sendo usados não principalmente contra o patrão, mas contra outros operários. Esses outros operários estão dispostos a aceitar os empregos que os antigos empregados deixaram vagos, e pelos salários que os antigos agora rejeitam. Esse fato prova que as outras alternativas abertas para os novos operários não são tão boas quanto as que os antigos estão recusando. Se, portanto, os antigos operários conseguem pela força impedir que novos trabalhadores os substituam, estão impedindo que estes escolham a melhor alternativa que se abre para eles, e forçando-os a aceitar coisa pior. Os grevistas, portanto, estão insistindo em uma posição privilegiada, e empregando a força para manter sua posição privilegiada contra outros operários.

Se a análise anterior for correta, não se justifica o ódio indiscriminado contra os fura-greves. Se os fura-greves são simplesmente brutamontes profissionais que também ameaçam com a violência ou que, de fato, não podem fazer o trabalho, ou, então, se estão recebendo temporariamente salários mais altos com o propósito de simular que o trabalho está prosseguindo, até que os antigos operários, assustados, retornem às suas funções com os antigos salários, o ódio talvez seja justificado. Mas, se são apenas homens e mulheres à procura de empregos permanentes, dispostos a aceitá-los na base dos salários antigos, são, então, trabalhadores que seriam lançados em empregos piores do que aqueles a fim de capacitarem os operários grevistas a desfrutar melhores posições. E essas posições superiores dos antigos empregados somente poderiam de fato ser mantidas pela onipresente ameaça de força.

II

A economia emotiva tem dado origem a teorias que um exame sereno não pode justificar. Uma delas é a ideia de que o operário está sendo *geralmente* "mal pago". Isso seria análogo à noção de que, em um mercado livre, os preços geralmente são cronicamente muito baixos. Outra noção curiosa, mas persistente, é a de que os interesses dos trabalhadores de uma nação são idênticos entre si, e que o aumento de salários para um sindicato beneficia, de maneira um tanto obscura, todos os demais trabalhadores. Não há nenhuma verdade nesta ideia; a verdade é que, se determinado sindicato consegue, pela força, impor para seus membros um salário substancialmente acima do verdadeiro valor de mercado de seus serviços, isso prejudicará todos os outros trabalhadores, assim como os outros membros da comunidade.

Para percebermos mais claramente como isso ocorre, imaginemos uma comunidade na qual os fatos são consideravelmente simplificados aritmeticamente. Suponhamos que a comunidade compreende apenas meia dúzia de grupos de trabalhadores, e que tais grupos fossem, originariamente, iguais entre si quanto aos salários totais e quanto ao valor de seu produto no mercado.

Digamos que esses seis grupos de trabalhadores abrangem: 1) peões de fazendas; 2) empregados de lojas varejistas; 3) empregados no comércio de roupas; 4) mineiros de carvão; 5) trabalhadores de construções; e 6) ferroviários. Seus salários-base, determinados sem qualquer elemento de coação, não são necessariamente iguais; seja como for, porém, atribuamos a cada um dos grupos um número índice de base igual a 100. Suponhamos, agora, que cada grupo forme um sindicato nacional e possa impor suas exigências, não só em proporção à sua produtividade, mas também à sua força política e à sua posição estratégica. Suponhamos que, como resultado disso, os peões não sejam capazes de aumentar seus salários, que os empregados das lojas varejistas consigam um aumento de 10%, que os do comércio de roupas, 20%; os mineiros, 30%; os trabalhadores de construções, 40%; e os ferroviários, 50%. Segundo as suposições que então fizemos, houve um aumento *médio* de 25% nos salários. Agora, suponhamos novamente, para simplificação aritmética, que o preço do produto de cada grupo de trabalhadores suba na mesma porcentagem de aumento dos salários do grupo. (Por diversas razões, incluindo o fato de que o custo da mão de obra não representa todos os custos, o preço não subirá exatamente assim – não, certamente, no curto prazo. As cifras, entretanto, servirão para ilustrar o princípio básico envolvido).

Teremos, então, uma situação em que o custo de vida subiu em média 25%. Os peões de fazendas, embora não tenham tido redução nos salários, estarão em situação consideravelmente pior em termos de o que poderão comprar. Os empregados de lojas varejistas, embora tenham conseguido um aumento de 10% nos ordenados, estarão em situação pior do que a anterior ao começo da "corrida". Mesmo os empregados no comércio de roupas, com um aumento de 20%, estarão em desvantagem, em comparação à sua situação anterior. Os mineiros, com o aumento de 30%, terão melhorado apenas levemente seu poder aquisitivo. Os empregados de construções e os ferroviários terão tido, naturalmente, algum ganho, mas muito menor na realidade do que na aparência.

Mas até mesmo esses cálculos apoiam-se na suposição de que o aumento forçado de salários não tenha causado desemprego. Provavelmente, isso ocorreria se o aumento de salários fosse acompanhado de equivalente aumento do dinheiro e do crédito bancário; mas, mesmo assim, é improvável que tais distorções nas taxas de salário possam surgir sem criar áreas de desempregos, especialmente nos negócios nos quais os salários mais tenham subido. Se não ocorrer esta inflação monetária correspondente, os aumentos forçados de salários provocarão desemprego generalizado.

O desemprego não precisa necessariamente ser maior, em termos de porcentagem, entre os sindicatos que tenham conseguido maior aumento de salário, pois o desemprego se deslocará e se distribuirá em relação à elasticidade relativa da procura por diferentes tipos de trabalho, e em relação à natureza "conjunta" da procura por muitos tipos de trabalho. No entanto, depois que todas estas concessões forem feitas, até mesmo os grupos cujos salários tiveram maior aumento provavelmente se encontrarão em situação pior do que a anterior, quando calcularmos a média entre os que ficaram desempregados e os que permaneceram no emprego. E, em termos de *bem-estar*, é claro que a perda sofrida será muito maior do que a perda em termos meramente aritméticos. Isso porque os prejuízos psicológicos dos que estão desempregados superarão bastante os ganhos psicológicos dos de renda levemente maior em termos de poder aquisitivo.

A situação tampouco pode ser corrigida proporcionando seguro-desemprego. Em primeiro lugar, tal auxílio é pago, em grande parte, direta ou indiretamente, com parte dos salários dos que estão trabalhando. Reduz, portanto, esses salários. Além disso, pagamentos "adequados" de seguro-desemprego, conforme já vimos, *criam* desemprego. E fazem-no de vários modos. Quando, antigamente, sindicatos trabalhistas fortes chamavam a si a tarefa de atender a seus membros desempregados, pensavam duas vezes antes de exigir um salário que viesse a causar grande desemprego. Onde, porém, houver um sistema de assistência sob o qual o contribuinte geral é forçado a fornecer recursos para pagar o desemprego causado pelas excessivas taxas de salário, abandona-se essa cautela dos sindicatos em relação a exigências excessivas. Mais ainda, o seguro-desemprego "adequado", conforme já indicamos, fará com que alguns homens não procurem trabalho nenhum, e que outros considerem que não estão sendo, na realidade, solicitados a trabalhar pelo salário oferecido, mas apenas pela *diferença* entre esse salário e o valor do seguro-desemprego. E o desemprego alto significa que, quanto menor a quantidade de mercadorias produzida, mais a nação empobrece, e há menos para todos.

Os apóstolos da salvação pelo sindicalismo às vezes procuram outra resposta para o problema que acabei de apresentar. Talvez seja verdade, admitirão eles, que os membros dos sindicatos fortes hoje explorem, entre outros, os trabalhadores não sindicalizados; mas o remédio é simples: sindicalizem-se todos. O remédio, entretanto, não é assim tão simples. Em primeiro lugar, a despeito dos grandes estímulos (dir-se-ia, em alguns casos, coação) legais e políticos à sindicalização, sob a lei Wagner-

-Taft-Hartley e outras, não é por acidente que apenas cerca de quarta parte dos trabalhadores assalariados norte-americanos esteja sindicalizada. As condições propícias à sindicalização são muito mais especiais do que geralmente se supõe. Mas mesmo que se pudesse atingir a sindicalização geral, não haveria possibilidade de os sindicatos serem igualmente fortes, não mais do que são hoje. Alguns grupos de trabalhadores encontram-se em muito melhor posição estratégica do que outros, ou por causa do maior número de filiados, ou pela natureza mais essencial do produto que fabricam, ou por causa da maior dependência de outras indústrias com relação à indústria deles, ou porque têm maior habilidade no emprego de métodos coercitivos. Suponhamos, porém, que não fosse assim. Suponhamos, apesar da natureza autocontraditória de tal suposição, que todos os trabalhadores, por métodos coercitivos, pudessem aumentar os seus salários em uma porcentagem igual. Ninguém, afinal, estaria em melhores condições do que se os salários não tivessem sequer aumentado.

III

Isso nos leva ao âmago da questão. Presume-se, em geral, que o aumento de salários é ganho à custa dos lucros dos empregadores. Isso, naturalmente, pode ocorrer durante períodos curtos ou em circunstâncias especiais. Caso se force o aumento de salários em determinada firma que, concorrendo com outras, não pode elevar seus preços, tal aumento sairá dos lucros. Porém, é muito menos provável que isso aconteça se a elevação de salários ocorrer em toda uma indústria. Se essa indústria não enfrenta concorrência estrangeiras, talvez consiga aumentar seus preços e repassar carga da elevação dos salários para os consumidores. Como os consumidores provavelmente são, na maioria, trabalhadores, terão os salários reais reduzidos por serem obrigados a pagar mais por determinado produto. É verdade que, como resultado dos preços aumentados, as vendas dos produtos dessa indústria venham a cair, reduzindo, com isso, o volume de seus lucros; mas é provável que o número de empregados e o total das folhas de pagamentos venham a sofrer redução correspondente.

Pode-se, sem dúvida, conceber um caso em que os lucros, em toda uma indústria, sejam reduzidos sem que isso implique redução correspondente no número de empregos; um caso, em outras palavras, no qual um aumento das taxas de salário implique um aumento correspondente na folha de pagamentos, e no qual todo o custo desse aumento saia dos lucros da indústria, sem que se elimine do mercado qualquer firma. Tal resultado não é provável, mas é concebível.

Suponhamos uma indústria como a ferroviária, por exemplo, que não pode repassar para o público a carga dos aumentos salariais na forma de tarifas mais elevadas, porque as regulamentações governamentais não o permitem.

É pelo menos possível aos sindicatos terem seus ganhos, no curto prazo, à expensa de empregadores e investidores. Os investidores costumavam ter fundos líquidos. Mas investiram-nos, digamos, na indústria ferroviária. Transformaram-nos em trilhos e leitos ferroviários, em vagões de carga e locomotivas. Em outras ocasiões, poderiam tê-los transformado em quaiquer das milhares de outras formas existentes, porém, nos dias de hoje, seu capital encontra-se, por assim dizer, *preso* em uma única e determinada forma. Os sindicatos de ferroviários podem forçá-los a aceitar menores dividendos para esse capital já investido. Compensará aos investidores continuar a dirigir a estrada, uma vez que podem ganhar alguma coisa acima das despesas da operação, mesmo que seja apenas um décimo de 1% sobre o investimento.

Há, entretanto, um corolário inevitável disso. Se o dinheiro que eles investiram nas estradas de ferro rende agora menos do que o dinheiro que podem investir em outro ramo de negócio, eles não investirão mais um centavo sequer nas estradas de ferro. Podem substituir alguns dos materiais que se desgastaram primeiro a fim de protegerem o pequeno rendimento do capital remanescente, mas, em longo prazo, sequer se importarão em substituir o material que se tornar obsoleto ou decadente. Se o capital investido internamente for menos compensador do que o investimento no exterior, farão investimentos em outros países. Se não puderem encontrar suficiente retorno que lhes compense os riscos, simplesmente deixarão de investir.

Assim, a exploração do capital pelo trabalho poderá, quando muito, ser apenas temporária. Logo chegará a um fim. Na verdade, chegará a um fim não tanto pela maneira indicada em nosso exemplo hipotético, mas forçando as firmas marginais a abandonarem inteiramente o mercado, provocando o crescimento do desemprego, e o reajuste forçado de salários e lucros até o ponto em que a perspectiva de lucros normais (ou anormais) conduzam à retomada do emprego e da produção. Entrementes, como resultado da exploração, o desemprego e a queda da produção tornarão todo mundo mais pobre. Embora o trabalho consiga, por certo tempo, uma participação *relativamente* maior na renda nacional, esta, na realidade, cairá totalmente, de sorte que os ganhos relativos do trabalho, nesses curtos períodos, talvez signifiquem uma vitória de Pirro. Podem significar que o trabalho também está obtendo importância total mais baixa, em termos do poder aquisitivo real.

IV

Somos, assim, levados a concluir que os sindicatos, embora possam conseguir por algum tempo um aumento no salário nominal para seus membros, em parte à custa dos empregadores e mais ainda à custa dos trabalhadores não sindicalizados, na realidade *não conseguem, no longo prazo e para todo o conjunto de trabalhadores, nenhum aumento dos salários reais.*

A crença de que o fazem apoia-se em uma série de ilusões. Uma delas é a falácia do *post hoc ergo propter hoc*, que vê o enorme aumento de salários na segunda metade do século como decorrência, principalmente, do crescimento do investimento de capitais e do progresso científico e tecnológico, e o atribui aos sindicatos, porque estes também cresceram durante o mesmo período. Mas o erro mais responsável por essa ilusão é o de se considerar apenas o que um aumento de salários, causado pelas exigências dos sindicatos, significa em curto prazo para os trabalhadores específicos que se mantêm em seus empregos, deixando de examinar os efeitos de tal aumento sobre o emprego, a produção e o custo de vida de todos os trabalhadores, inclusive os que forçaram o aumento.

Pode-se ir mais fundo nesta conclusão e levantar a questão sobre se os sindicatos não têm, no longo prazo e para todo o conjunto de trabalhadores, impedido verdadeiramente que os salários reais tenham subido até o ponto em que, em outras circunstâncias, teriam subido. Os sindicatos têm sido, certamente, uma força que trabalha para manter baixos ou reduzir os salários se os efeitos disso, no saldo líquido, têm sido reduzir a produtividade do trabalho. E podemos perguntar se não tem sido assim.

Em relação à produtividade, há, na verdade, algo a dizer a favor da política dos sindicatos. Em alguns ramos da atividade econômica, eles insistiram em padrões para aumentar o nível de habilidade e competência. E, em seus primórdios, atuaram intensamente para proteger a saúde de seus filiados. Onde o trabalho era abundante, alguns empregadores, muitas vezes, se arriscaram a conseguir lucros em curto prazo fazendo os operários acelerarem o ritmo e trabalharem longas horas, a despeito dos efeitos perniciosos que lhes advinham para a saúde, porque podiam, facilmente, substituí-los por outros. E, às vezes, empregadores ignorantes e de visão curta chegavam a reduzir os próprios lucros ao forçar seus empregados a trabalhar mais. Em todos esses casos, os sindicatos, ao exigirem padrões decentes, muitas vezes melhoravam a saúde e o bem-estar geral de seus filiados, ao mesmo tempo em que lhes conseguiam um aumento dos salários reais.

Mas, nos últimos anos, com o aumento de seu poder, e à medida que muita simpatia equivocada do público tem acarretado uma tolerância ou a uma aprovação de práticas antissociais, os sindicatos ultrapassaram seus objetivos legítimos. Foi um ganho não só em termos da saúde e do bem-estar, mas também, mesmo em longo prazo, para a produção, reduzir uma semana de setenta horas de trabalho para uma semana de sessenta. Foi um ganho em termos de saúde e lazer reduzir uma semana de sessenta horas para uma semana de quarenta e oito. Foi um ganho em termos de lazeres, embora não necessariamente para a produção e o rendimento, reduzir a semana de quarenta e oito horas para uma semana de quarenta e quatro. O valor em termos de saúde e lazer, com a redução da semana de trabalho para quarenta horas, é muito menor, tornando-se mais perceptível a redução da produção e da renda. Contudo, os sindicatos falam agora – impondo, algumas vezes – em semanas de trinta e cinco e trinta e quatro horas, e negam que elas possam ou necessariamente venham a reduzir a produção e a renda.

Mas não é só na redução das horas de trabalho programadas que a política dos sindicatos tem trabalhado contra a produtividade. Esse é, de fato, um dos processos menos prejudiciais da ação de tal política, pois o ganho compensador pelo menos foi claro. Muitos sindicatos, no entanto, insistiram em rígidas subdivisões do trabalho, o que elevou o custo da produção e provocou dispendiosas e ridículas disputas "jurisdicionais". Eles se opuseram ao pagamento com base na produção ou na eficiência, e insistiram nos mesmos índices de salário-hora para todos os seus filiados, independente de diferenças de produtividade. Insistiram na promoção por antiguidade no cargo, em vez de por mérito. Iniciaram deliberadamente o retardamento da produção, sob o pretexto de combaterem a "aceleração". Delataram, e insistiram na demissão de, às vezes espancando-os cruelmente, operários que trabalham mais do que seus colegas. Se opuseram à introdução ou ao melhoramento da maquinaria. Insistiram que, se alguns de seus afiliados fossem afastados do trabalho por causa da instalação de máquinas mais eficientes e econômicas, esses desempregados recebessem "renda garantida" indefinidamente. Insistiram em regras para "dar trabalho" que requerem mais pessoas ou mais tempo para a realização de determinadas tarefas. Insistiram, com a ameaça de arruinar os empregadores, na contratação de operários dos quais não se tem nenhuma necessidade.

A maioria dessas políticas foi seguida sob a presunção de que há apenas uma quantidade fixa de trabalho a ser executado, um "fundo de trabalho" definido que tem de ser distribuído por tantas pessoas e horas quanto possível, para não ser logo consumido. Tal presunção é inteiramente falsa. Não há, na realidade, limite à quantidade de trabalho a ser executado. Trabalho gera trabalho. O que A produz constitui a demanda para o que B produz.

Mas, como existe essa falsa presunção e como nela se baseiam as políticas dos sindicatos, seu efeito líquido tem sido o de reduzir a produtividade abaixo do que teria sido de outro modo. Seu efeito líquido, portanto, no longo prazo e para todos os grupos de operários, tem sido o de *reduzir* os salários reais – isto é, os salários em termos dos bens que poderão ser adquiridos com eles – abaixo do nível ao qual de outra maneira teriam subido. A verdadeira causa do tremendo aumento de salários reais ao longo do último século foi, repetimos, a acumulação de capitais e o considerável progresso tecnológico que esses capitais tornaram possível.

No entanto, esse processo não é automático. Como resultado não só de políticas sindicais ruins, como também de políticas governamentais ruins, na verdade, na última década, tal aumento teve um fim. Se analisarmos apenas a média da renda bruta semanal de trabalhadores não agricultores do setor privado, em termos de dólares em espécie, é fato que os salários subiram de US$107,73 em 1968 para US$189,36 em agosto de 1977. Contudo, quando o Departamento de Estatística Laboral leva em conta a inflação, quando converte essa renda em dólares de 1967, para considerar a elevação nos preços ao consumidor, observa que a renda semanal real, na verdade, caiu de US$103,39 em 1968 para US$103,36 em agosto de 1977.

Essa interrupção no aumento dos salários reais não foi uma consequência inerente à natureza dos sindicatos. Foi o resultado de políticas míopes do governo e dos sindicatos. Há, ainda, tempo para modificar ambas.

Capítulo 21 | "O Suficiente para Readquirir o Produto"

I

Autores amadores de economia estão sempre pedindo preços e salários "justos". Essas nebulosas concepções de justiça econômica vêm dos tempos medievais. Os economistas clássicos elaboraram, em vez disso, um conceito diferente: o de preços *funcionais* e salários *funcionais*. Preços funcionais são os que estimulam o maior volume de produção e vendas. Salários funcionais são os que tendem a criar o mais alto volume de empregos e as mais elevadas folhas de pagamento reais.

O conceito de salários funcionais foi apropriado, de modo deturpado, pelos marxistas e seus discípulos inconscientes, os da escola do poder aquisitivo. Ambos os grupos deixam a mentes mais rudimentares a questão sobre se os salários existentes são "justos". A verdadeira questão, insistem, é sobre se darão ou não *resultado*. E os únicos salários que darão resultado, dizem-nos, os únicos salários que poderão impedir uma iminente derrocada econômica, são os que possibilitam à mão de obra "readquirir o produto que ela cria". As escolas marxista e do poder aquisitivo atribuem todas as crises do passado a um fracasso prévio em pagar tais salários. E, não importa o momento sobre o qual falam, estão certos de que os salários ainda não são suficientemente altos para que seja readquirido o produto fabricado.

Essa doutrina demonstrou-se especialmente eficaz nas mãos dos líderes sindicais. Desesperançados com relação à sua capacidade de despertar o interesse altruísta do público ou de persuadir os empregadores (perversos por definição) a algum dia serem "justos", apossaram-se de um argumento calculado para apelar às motivações egoístas do público, e assustá-lo a ponto de fazê-lo forçar os empregadores a satisfazerem as exigências dos sindicatos.

Como, porém, podemos saber precisamente quando a mão de obra tem "o suficiente para adquirir o produto que cria"? Ou quando tem ela mais do que o suficiente? Como podemos determinar a quantia exata? Como os defensores da doutrina não parecem ter de fato feito qualquer esforço para responder a tais perguntas, nós mesmos somos obrigados a tentar encontrar as respostas.

Alguns defensores dessa teoria parecem dar a entender que os trabalhadores em cada indústria deveriam receber o suficiente para comprar o produto específico que eles fabricam. No entanto, certamente não querem dizer que os operários que fazem roupas baratas devam ter o suficiente para comprar essas roupas baratas, e que os operários que fazem casacos de visom, o suficiente para comprar casacos de visom; ou que os operários da fábrica da Ford devam receber o suficiente para comprar automóveis Ford e os operários da fábrica da Cadillac, o suficiente para comprar automóveis Cadillac.

No entanto, é instrutivo lembrar que os sindicatos da indústria automobilística, nos anos 1940, em uma ocasião em que a maioria de seus filiados já figurava entre o terço dos trabalhadores que ganhava a maior renda no país, e quando seus salários semanais, segundo cifras governamentais, eram já 20% mais elevados do que a média dos salários pagos em fábricas, e quase o dobro do que em média se pagava no comércio varejista, estavam exigindo 30% de aumento a fim de poderem, segundo um de seus porta-vozes, "sustentar nossa capacidade, que está diminuindo rapidamente, de consumir as mercadorias que temos a capacidade de produzir".

Que dizer, então, do trabalhador comum de uma fábrica e do empregado comum de uma loja varejista? Se, em tais circunstâncias, os trabalhadores da indústria automobilística necessitavam de 30% de aumento para impedir que a economia sofresse um colapso, só 30% teriam sido suficientes para os outros? Ou teriam eles necessidade de aumento de 55 a 160% para poderem ter tanto poder aquisitivo *per capita* quanto os trabalhadores da indústria automobilística? Pois recordemos que, tanto no passado quanto no presente, existem enormes diferenças entre os níveis de salários médios de diferentes indústrias. Em 1976, trabalhadores do comércio varejista ganhavam semanalmente uma média de apenas US$113,96, enquanto trabalhadores de todas as indústrias recebiam, em média, US$207,60, e aqueles de construção por empreitada, US$284,93.

(Podemos estar certos, se a história das negociações de salários servir de guia, *mesmo que individualmente, nos sindicatos*, de que os trabalhadores da indústria automobilística, caso essa última proposta tivesse sido feita, teriam insistido na manutenção das diferenças existentes. Isso porque o desejo de igualdade econômica, entre membros de sindicatos e os restantes de nós, é, com exceção de alguns raros filantropos e santos, um desejo de receber tanto quanto já recebem os que estão acima de nós na escala econômica, em lugar de dar aos que estão abaixo de nós tanto quanto já estamos recebendo. É, porém, mais na lógica e na sensatez de determinada teoria econômica do que nessas tristes fraquezas da natureza humana que estamos, presentemente, interessados).

II

O argumento de que a mão de obra deve receber o suficiente para comprar o produto que cria é mera forma especial do argumento do "poder aquisitivo" geral. Os salários dos trabalhadores, argumenta-se corretamente, são o poder aquisitivo deles. Mas, na mesma medida, é também verdade que o rendimento de todo mundo – do merceeiro, do proprietário de imóveis, do empregador – é seu poder aquisitivo para comprar o que outros têm para vender. E uma das coisas mais importantes para as quais os outros têm de encontrar compradores é o seu trabalho.

Além do mais, tudo isso tem um lado contrário. *Em uma economia de trocas, a renda em espécie de cada um é o custo de outra pessoa.* Todo aumento de salário-hora, a menos que, ou até que seja compensado por igual aumento da produtividade horária, constitui aumento do custo de produção. Um aumento do custo de produção, quando o governo controla os preços e proíbe qualquer aumento, tira o lucro dos produtores marginais, força-os a abandonar o mercado, e provoca queda da produção e aumento do desemprego. Mesmo onde um aumento de preço seja possível, o preço mais alto desencoraja os compradores, provoca retração no mercado, e conduz ao desemprego. Se um aumento de 30% nos salários-hora em todo o círculo força um aumento de 30% nos preços, o operariado não pode comprar maior quantidade do produto do que podia comprar antes do aumento; e tudo volta novamente ao ponto de partida.

Muitos, sem dúvida, estarão inclinados a contestar o argumento de que 30% de aumento nos salários possam forçar tão grande porcentagem de aumento nos preços. É verdade que esse resultado somente pode ocorrer em longo prazo, e se as políticas monetária e de crédito o permitirem. Se tais políticas forem tão inelásticas que a moeda e o crédito não possam aumentar quando os salários se elevarem (e se presumirmos que a elevação de salários não se justifica pela produtividade do trabalho existente em termos de dólares), então, o principal efeito de forçar uma alta das taxas de salário será o de aumentar o desemprego.

E é provável, nesse caso, que as folhas de pagamento totais, em dólares e em poder aquisitivo real, serão mais baixas do que antes, pois uma queda do emprego (causada pela política sindicalista, e não como resultado transitório do progresso tecnológico) significa, necessariamente, que uma menor quantidade de mercadorias está sendo produzida para todo mundo. E é improvável que a mão de obra compense a queda absoluta da produção com o recebimento de um quinhão relativamente maior da produção remanescente. Pois Paul H. Douglas (1892-1976), nos Estados Unidos, e Arthur Cecil Pigou (1877-1959), na Inglaterra – o primeiro, em uma análise de grande massa de estatísticas, o segundo, por métodos puramente dedutivos – chegaram independentemente à conclusão de que a elasticidade da demanda por trabalho fica, mais ou menos, entre três e quatro. Em linguagem menos técnica, isso significa que, "a cada 1% de redução da taxa real de salários, a demanda agregada por trabalho expande-se, pelo menos, 3%[20]. Ou, em outras palavras, *"se for forçado o aumento dos salários acima do ponto da produtividade marginal, a diminuição de empregos será, normalmente, três a quatro vezes maior do que o aumento das taxas salariais horárias"*[21]. Dessa maneira, a renda total dos trabalhadores ficará reduzida na mesma proporção.

Ainda que tais cifras sejam consideradas apenas para representar a elasticidade da demanda por trabalho revelada em

---

[20] PIGOU, A. C. *The Theory of Unemployment*. London: Macmillan, 1933, p. 96.
[21] DOUGLAS, Paul H. *The Theory of Wages*. London: Macmillan, 1934, p. 501.

dado período do passado, e não necessariamente para predizer a do futuro, mesmo assim merecem ser seriamente consideradas.

III

Mas suponhamos, agora, que o aumento das taxas de salário seja acompanhado de um aumento suficiente de moeda e de crédito para que possa ocorrer sem criar sério desemprego. Se admitirmos que a relação anterior entre salários e preços era, em si, uma relação normal de longo prazo, então, é muito provável que um aumento forçado de, digamos, 30% nos índices salariais conduza, afinal, a um aumento nos preços de aproximadamente a mesma porcentagem.

A crença de que o aumento dos preços seria substancialmente menor apoia-se em duas falácias principais. A primeira é a de se encarar apenas o custo direto do trabalho de determinada firma ou indústria e supor que esse custo representa todos os demais custos envolvidos. Trata-se, porém, do erro elementar de tomar a parte pelo todo. Cada "indústria" representa não só uma seção do processo de produção considerado "horizontalmente", como também apenas *uma* seção desse processo considerado "verticalmente". Em consequência, o custo da mão de obra *direta* na fabricação de automóveis nas próprias fábricas automobilísticas poderá ser menos de um terço, digamos, do custo total. Tal fato poderá levar os incautos a concluir que um aumento de 30% dos salários acarretaria apenas 10% de aumento, ou menos, nos preços dos automóveis. Isso, entretanto, significaria ignorar o custo dos salários indiretos na matéria-prima e nas peças compradas, nas tarifas de transporte, nas ferramentas de novas fábricas ou de novas máquinas, ou na margem de lucro das concessionárias.

As estimativas governamentais mostram que, no período de quinze anos entre 1929 e 1943, inclusive, salários e proventos, nos Estados Unidos, perfaziam a média de 69% da renda nacional. No período de cinco anos entre 1956 e 1960, a média era também de 69% da renda nacional! No período de cinco anos entre 1972 e 1976, proventos e salários alcançaram a média de 66% da renda nacional; e, quando são acrescentadas as complementações, a compensação total dos empregados era em média 76% da renda nacional.

Esses salários e proventos tinham, naturalmente, de ser pagos pelo produto nacional. Conquanto deduções e acréscimos tenham de ser feitos a partir dessas cifras, a fim de possibilitar uma estimativa razoável da renda do "trabalho", podemos supor, com base nisso, que os custos do trabalho não podem ser menores do que cerca de dois terços do custo da produção total e que, talvez, possa passar de três quartas partes (dependendo da definição de *trabalho*). Se tomarmos a mais baixa dessas duas estimativas e supusermos, também, que as margens de lucro em dólares permanecerão inalteradas, fica claro que um crescimento de 30% no custo dos salários em todo o círculo significaria um aumento de quase 20% nos preços.

Mas tal mudança significaria que a margem de lucro em dólares, que representa a renda dos investidores, dos gestores e dos empregados autônomos, teria, digamos, apenas 84% do poder aquisitivo anterior. O efeito disso, no longo prazo, seria causar a diminuição de investimento e de novas empresas, em comparação ao que poderia ter sido, e consequentes transferências de homens de posições inferiores do trabalho autônomo para as fileiras mais altas dos assalariados, até que se tivessem restaurado, aproximadamente, as relações anteriores. Isto, no entanto, é apenas outro meio de dizer que um aumento de 30%, sob as condições supostas, significaria, no fim das contas, também um aumento de 30% nos preços.

Não se segue, forçosamente, que os assalariados não teriam ganhos relativos. Teriam ganho relativo, e outros elementos da população sofreriam uma perda relativa, *durante o período de transição*. É, porém, improvável que esse ganho relativo significasse ganho absoluto, pois a espécie de mudança na relação entre custo e preços aqui examinada dificilmente ocorreria sem causar desemprego e desequilíbrio, interrupção ou redução da produção. Desse modo, embora a mão de obra pudesse receber uma fatia maior de uma torta menor, durante tal período de transição e adaptação a um novo equilíbrio, seria duvidoso que fosse maior, em termos absolutos (e é bem provável que seja menor), do que a fatia anterior menor de uma torta maior.

IV

Tal fato nos conduz ao sentido geral e aos efeitos gerais do *equilíbrio* econômico. Salários e preços equilibrados são os que resultam da igualdade entre oferta e procura. Se, por meio da coação governamental ou particular, se faz uma tentativa para elevar os preços acima de seu nível de equilíbrio, reduz-se a procura e, portanto, fica também reduzida a produção. Caso se faça uma tentativa para lançar os preços abaixo de seu nível de equilíbrio, as consequentes redução ou eliminação dos lucros significarão uma queda na oferta ou em nova produção. Forçar os preços, portanto, quer para cima, quer para baixo, de seus níveis de equilíbrio (que são os níveis para os quais um mercado livre tende, constantemente, a levá-los), terá como resultado a redução do volume de empregos e produção, abaixo daquele em que teria ficado se a situação fosse outra.

Retornemos, então, à teoria de que a mão de obra deve receber o "suficiente para comprar o produto que cria". Deveria ser óbvio que o produto nacional não é criado nem comprado apenas pela mão de obra manufatureira. É comprado por todo mundo – por colarinhos-brancos, profissionais, fazendeiros, grandes e pequenos empregadores, investidores, merceeiros, açougueiros, donos de pequenas farmácias e de postos de gasolina –, por todos, em suma, que contribuem para a fabricação do produto.

Quanto aos preços, salários e lucros que devem determinar a distribuição desse produto, os melhores preços não são os mais elevados, mas os que estimulam o maior volume de produção e o maior volume de vendas. As melhores taxas de salário para a mão de obra não são as mais elevadas, mas as que permitem plena produção, pleno emprego e maior folha de pagamento constante. Os melhores lucros, do ponto de vista não só da indústria como também da mão de obra, não são os mais baixos, mas os que encorajam a maior parte das pessoas a tornarem-se empregadores ou a proporcionarem maior número de empregos do que antes.

Se procurarmos dirigir a economia em benefício de apenas um grupo ou classe, prejudicaremos ou destruiremos todos os grupos, inclusive os membros da própria classe em benefício da qual estivemos tentando dirigi-la. Devemos dirigir a economia para todos.

Capítulo 22 | A Função dos Lucros

A indignação que muita gente hoje em dia, demonstra à simples menção da palavra "lucros" indica o quão pequena é a compreensão que se tem da função vital que eles exercem em nossa economia. Para aumentar nossa compreensão, vamos novamente tocar em um assunto já debatido no Capítulo 15, sobre sistemas de preços, mas analisando-o sob um ângulo diferente.

Os lucros realmente não ocupam um lugar importante em nossa economia total. A renda líquida das sociedades anônimas nos 15 anos entre 1929 e 1943, para tomarmos uma cifra ilustrativa, foi, em média, menos de 5% do total da renda nacional. Os lucros corporativos, descontados os impostos, no período de 5 anos entre 1956 e 1960, foram, em média, menos de 6% da renda nacional. Os lucros corporativos, descontados os impostos, no período de 5 anos entre 1971 e 1975 foram também, em média, menos de 6% da renda nacional (embora, como consequência de ajuste insuficiente do orçamento com relação à inflação, fossem provavelmente exagerados). Contudo, "lucros" são a forma de renda contra a qual há mais hostilidade. É significativo que, apesar de haver a palavra *especulador* para estigmatizar os que auferem lucros que se alega serem excessivos, não existem palavras como "salariador" ou "prejuizador"[22]. No entanto, os lucros do proprietário de uma barbearia poderão, em média, ser não só muito menores do que o salário de uma estrela de cinema ou do diretor de uma companhia siderúrgica, como também muito menores ainda que o salário médio dos operários especializados.

O assunto é obscurecido por toda a sorte de interpretações factuais equivocadas. Os lucros totais da General Motors, a maior companhia industrial do mundo, são tomados como se fossem típicos, em vez de excepcionais. Poucas pessoas estão familiarizadas com as taxas de mortalidade das empresas. Não sabem (para citarmos estudos da Temporary National Economic Committee — TNEC[23]) que "se prevalecerem as condições de negócios que perfizeram a média das experiências dos últimos cinquenta anos, cerca de sete a cada dez mercearias que hoje se abrem nos Estados Unidos ultrapassarão o segundo ano de existência; somente quatro das dez poderão esperar celebrar seu quarto aniversário". Muita gente não sabe que, em cada ano entre 1930 e 1938, nas estatísticas do imposto de renda dos Estados Unidos, o número de companhias que mostraram prejuízos excedeu o das que apresentaram lucros.

Em média, qual é o total dos lucros? Esta pergunta costuma ser respondida com a referência à espécie de cifras que apresentei no início deste capítulo – de que os lucros corporativos são, em média, menos de 6% da renda nacional –, ou mostrando que a média dos lucros, descontado o imposto de renda de todas as companhias manufatureiras, são menos do que cinco centavos por cada dólar obtido com a venda. (Durante os 5 anos entre 1971 e

---

[22] Em inglês, *wageer* ou *losseer*. (N. T.)
[23] Comissão Econômica Nacional Temporária, criada pelo Congresso norte-americano em 1938, que atuou até 1941, e cuja função era estudar a concentração de poder econômico e relatar seus achados ao Congresso. (N. T.)

1975, por exemplo, a cifra foi de apenas 4,6 centavos). Mas estas cifras oficiais, embora estejam muito abaixo da compreensão popular sobre o tamanho dos lucros, aplicam-se apenas aos resultados da companhia, calculados pelos métodos convencionais de contabilidade. Não se fez qualquer estimativa fidedigna que levasse em consideração toda a espécie de atividades, quer de sociedades anônimas ou não, e um número suficiente de anos bons e maus. No entanto, alguns eminentes economistas acreditam que, ao longo de um período de muitos anos, considerando-se todas as perdas, um juro mínimo "sem riscos" sobre o capital investido, e um valor salarial imputado "razoável" dos serviços das pessoas que dirigem seu próprio negócio, talvez não sobre lucro líquido algum; poderá, até mesmo, haver perda líquida. Isto não se dá pelo fato de os empresários (pessoas que entram no comércio por conta própria) serem filantropos internacionais, mas porque seu otimismo e a autoconfiança os conduzem, muitas vezes, a empreendimentos que não são ou não podem ser exitosos[24].

É claro, em todo caso, que qualquer indivíduo que aplica capital de risco corre não só o risco de não ganhar coisa alguma, como também o de perder todo o capital. Antigamente, era a sedução dos altos lucros, em firmas ou indústrias especiais, que levava muita gente a assumir esse grande risco. Mas se os lucros se limitam ao máximo de, digamos, 10% ou cifra semelhante, conquanto o risco de perder todo o capital ainda exista, qual será, provavelmente, o efeito sobre o incentivo dos lucros e, portanto, sobre o emprego e a produção? O imposto sobre lucros extraordinários nos Estados Unidos, durante a Segunda Guerra Mundial, mostrou o que tal limite pode fazer, mesmo em um curto período, para prejudicar a eficiência.

---

[24] KNIGHT, Frank H. *Risk, Uncertainty and Profit*. Boston: Hart, Schaffner and Marx; Houghton Mifflin, 1921. Em qualquer período em que houve acumulação de capital líquido, entretanto, é forte a suposição que deve também ter havido lucros líquidos totais de investimentos anteriores.

No entanto, atualmente, a política governamental em quase toda parte tende a supor que a produção prosseguirá automaticamente, independente do que seja feito para desestimulá-la. Um dos maiores perigos para a produção mundial hoje em dia ainda vem das políticas governamentais de tabelamento de preços. Tais políticas não só eliminam a produção de um artigo após outro por não deixar incentivo algum para sua fabricação, como também seu efeito no longo prazo é impedir um equilíbrio da produção de acordo com a verdadeira procura dos consumidores. Quando a economia é livre, a procura atua de tal modo que alguns ramos da produção fazem o que alguns funcionários públicos consideram lucros "excessivos" "insensatos", ou mesmo "obscenos". Contudo, esse fato não só faz com que toda firma de determinado ramo expanda sua produção ao máximo, como também torne a investir seus lucros em nova maquinaria e em mais emprego. Atrai, ainda, novos investidores e produtores de toda parte, até que a produção, nesse ramo, seja suficientemente grande para atender à procura e os lucros novamente caiam ao nível geral médio (ou abaixo dele).

Em uma economia livre, na qual salários, custo e preços são deixados à livre ação do mercado competitivo, a perspectiva de lucros decide que artigos serão fabricados, em que quantidade, e que artigos não serão sequer fabricados. Se não há lucro na fabricação de determinado artigo, é sinal de que o trabalho e o capital dedicado à sua produção estão mal dirigidos. O valor dos recursos consumidos na fabricação do artigo é maior do que o valor do próprio artigo.

Em síntese, uma das funções dos lucros é guiar e canalizar os fatores da produção, de modo a serem distribuídos seus milhares de artigos diferentes, conforme a procura. Nenhum burocrata, por mais brilhante que seja, poderá, arbitrariamente, solucionar esse problema. A liberdade de preços e de lucros maximizará a produção e aliviará a escassez mais depressa que qualquer outro sistema. Preços tabelados e lucros limitados arbitrariamente só poderão prolongar a escassez e reduzir a produção e o número de empregos.

Finalmente, é função dos lucros fazer constante e implacável pressão sobre o diretor de todo negócio competitivo para que introduza novas economias e eficiência independentemente da fase que estas já tenham alcançado. Nos bons tempos, esse diretor faz isso para aumentar mais ainda os lucros; em tempos normais, para se manter à frente dos concorrentes. Nos maus tempos, talvez tenha que fazê-lo para sobreviver, pois os lucros não só podem ir a zero, como podem transformar-se, rapidamente, em prejuízos, e um homem despenderá mais esforços para se salvar da ruína do que para simplesmente melhorar sua posição.

Contrariando uma impressão popular, os lucros são obtidos não ao se aumentar os preços, mas com a introdução de economias e eficiências que cortem os custos de produção. Muito raramente acontece (e, a não ser que haja um monopólio, nunca acontece ao longo de um período extenso) que *todas* as empresas de uma determinada indústria tenham lucro. O preço cobrado por todas as empresas pelo mesmo produto ou serviço deve ser o mesmo; aqueles que tentam cobrar preços mais altos não encontram compradores. Portanto, os maiores lucros ficam com as empresas que atingiram os menores custos de produção. Elas se expandem à custa das empresas ineficientes com custos mais altos. É assim, portanto, que o consumidor e o público são atendidos.

Em suma, os lucros, que resultam da relação entre o custo e os preços, não só nos dizem quais mercadorias são mais econômicas de se produzir, como também quais os meios mais econômicos para produzi-la. Essas questões devem ser respondidas na mesma medida tanto por um sistema socialista quanto por um sistema capitalista; devem ser respondidas por qualquer sistema econômico concebível. E, para o esmagador volume de mercadorias e serviços que se produz, as respostas fornecidas pelos lucros e perdas sob a iniciativa livre e concorrente são incomparavelmente superiores às que possam ser obtidas por qualquer outro método.

    Venho dando ênfase à tendência de reduzir custos de produção porque esta é a função de lucro e da perda que parece ser menos entendida. Maiores lucros, naturalmente, são obtidos pelo homem que fabrica uma ratoeira *melhor* do que o seu vizinho, assim como pelo homem que a faz com maior eficiência. Contudo, a função do lucro de recompensar e estimular a qualidade superior e a inovação sempre foi reconhecida.

Capítulo 23 | A Miragem da Inflação

I

Achei necessário prevenir o leitor, de vez em quando, de que certo resultado seria necessariamente resultante de determinada política "contanto que não houvesse inflação". Nos capítulos sobre obras públicas e crédito, declarei que o estudo das complicações introduzidas pela inflação teria de ficar para outro momento. Mas o dinheiro e a política monetária fazem parte tão íntima e, às vezes, tão inextrincável de todo processo econômico que essa separação, mesmo para fins de elucidação, se tornava muito difícil; e nos capítulos que tratavam do efeito das várias políticas de salários, do governo ou dos sindicatos, sobre o emprego, os lucros e a produção, alguns dos efeitos de políticas monetárias discrepantes tinham que ser considerados imediatamente.

Antes de analisarmos as consequências da inflação em casos específicos, estudaremos suas consequências gerais. Mesmo antes disso, parece desejável perguntar por que se tem constantemente recorrido à inflação, por que tem ela imemorável apelo popular, e por que seu canto de sereia tem tentado uma nação após outra a enveredar pelo caminho que conduz ao desastre econômico.

O erro mais óbvio, e também o mais antigo e persistente, sobre o qual repousa o apelo da inflação está em confundir "dinheiro" com riqueza. "Considerar que a riqueza consiste em dinheiro, ou em ouro ou prata", escreveu Adam Smith há mais de dois séculos,

> [...] é uma noção popular que deriva naturalmente da dupla função da moeda, como instrumento do comércio e como medida de valor [...]. Enriquecer, é obter dinheiro, e, na linguagem comum, em resumo, riqueza e moeda são consideradas, sob todos os aspectos, sinônimos.

Mas a verdadeira riqueza é formada daquilo que se produz e se consome: o alimento que comemos, as roupas que usamos, as casas em que vivemos. A verdadeira riqueza são as estradas de ferro e de rodagem, e automóveis; navios, aviões e fábricas; escolas, igrejas e teatros; pianos, pinturas e livros. No entanto, é tão poderosa a ambiguidade verbal que confunde dinheiro com riqueza, que até mesmo os que às vezes reconhecem a confusão nela tornam a resvalar no curso de seu raciocínio. Todo homem percebe que, se pessoalmente tivesse mais dinheiro, poderia comprar maior quantidade de bens de outros homens. Se tivesse o dobro do dinheiro que tem, poderia comprar o dobro de bens; se tivesse o triplo, sua "riqueza" seria também três vezes maior. E a muitos parece óbvia a conclusão de que, se o governo simplesmente emitisse maior quantidade de dinheiro e o distribuísse a todo mundo, todos, então, seriam mais ricos.

Esses são os mais ingênuos inflacionistas. Há um segundo grupo, menos ingênuo, que percebe que, se tudo fosse assim tão simples, o governo poderia solucionar todos os nossos problemas imprimindo dinheiro. Eles intuem que, em algum outro ponto, deve haver um truque, e, então, limitariam de algum modo a quantidade de dinheiro que permitiriam que fosse impressa pelo governo. Permitiriam a impressão exatamente do suficiente para compensar alguma "deficiência" ou "hiato" alegados.

O poder aquisitivo é cronicamente deficiente, pensam eles, porque a indústria de algum modo não distribui dinheiro suficiente aos produtores para possibilitar que eles adquiram de volta, como consumidores, o produto que fabricam. Há, em algum ponto, um "vazamento" misterioso. Um grupo "prova" isto por equações. Em um dos membros de suas equações, contam um item somente uma vez; no outro, sem que o percebam, contam várias vezes o mesmo item. Isto produz um hiato alarmante entre o que chamam de "pagamentos A" e o que denominam "pagamentos A + B". Fundam, então, um movimento, vestem uniformes verdes, e insistem com o governo para que emita dinheiro ou conceda "créditos" para compensar os pagamentos B que faltam.

Os apóstolos mais rudes do "crédito social" talvez pareçam ridículos; mas há um número infinito de escolas inflacionistas, apenas ligeiramente mais sofisticadas, que têm planos "científicos" para a emissão suficiente de dinheiro adicional ou para a concessão de créditos a fim de preencher alguma suposta "deficiência" ou "hiato" crônico ou periódico, que elas calculam de algum outro modo.

II

Os inflacionistas mais informados reconhecem que qualquer aumento substancial da quantidade de moeda reduzirá o poder aquisitivo de cada unidade monetária – em outras palavras, conduzirá a um aumento dos preços das mercadorias. Isso, porém, não os perturba. Pelo contrário, é essa precisamente a razão por que desejam a inflação. Alguns deles argumentam que esse resultado tornará melhor a posição dos devedores pobres comparados aos credores ricos. Outros pensam que a inflação estimulará as exportações e desencorajará as importações. E ainda há outros, que entendem que é remédio essencial para a cura de uma depressão, "para facilitar a decolagem da indústria" e para proporcionar "pleno emprego"[25].

Há inúmeras teorias sobre a maneira pela qual o aumento da quantidade de dinheiro (inclusive crédito bancário) afeta os preços. De um lado, conforme acabamos de ver, estão os que imaginam que a quantidade de dinheiro poderia ser aumentada quantas vezes se quisesse sem que isso afetasse os preços. Eles simplesmente veem no dinheiro aumentado o meio de aumentar o "poder aquisitivo" de todo mundo, no sentido de possibilitar que todos comprem maior quantidade de mercadorias do que antes. Ou eles nunca param para se lembrar de que as pessoas, coletivamente, não podem comprar o dobro das mercadorias que compravam antes, a menos que também se produza o dobro das mercadorias, ou imaginam que a única coisa que impede o aumento indefinido da produção não é a falta de força de trabalho, de horas de trabalho ou de capacidade produtiva, mas simplesmente uma escassez de demanda por moeda: se as pessoas desejam as mercadorias, eles supõem, e têm dinheiro para pagá-las, as mercadorias serão quase automaticamente produzidas.

Do outro lado, está o grupo – e nele se incluem alguns eminentes economistas – que sustenta uma rígida teoria mecânica relativa ao efeito da oferta de moeda sobre os preços das mercadorias. Toda a moeda de uma nação, segundo imaginam a questão esses teóricos, será oferecida contra todas as merca-

---

[25] Reduzida às suas partes essenciais, esta é a teoria dos keynesianos. Ver: HAZLITT, Henry. *The Failure of the "New Economics"*. New Rochelle: Arlington House, 1959. Neste ensaio analiso esta teoria detalhadamente.

dorias. Portanto, o valor da quantidade total da moeda, multiplicado por sua "velocidade de circulação", deve ser sempre igual ao valor da quantidade total de mercadorias compradas. Portanto, além disso (supondo que não haja mudança na velocidade de circulação), o valor da unidade monetária deve variar, exatamente e de maneira inversa à quantidade posta em circulação. Duplique-se a quantidade de dinheiro e de crédito bancário e será duplicado, com exatidão, o "nível de preços". Triplique-se, e será triplicado o nível de preços. Em suma, multiplique-se n vezes a quantidade de dinheiro, e serão multiplicados n vezes os preços das mercadorias.

Não há, aqui, espaço para explicar todas as falácias desse quadro plausível[26]. Em vez disso, procuraremos ver justamente por que e como um aumento na quantidade de dinheiro aumenta os preços.

Um aumento quantitativo de dinheiro surge de modo específico. Digamos que surge porque o governo faz maiores gastos do que pode ou deseja com o produto dos impostos (ou com a venda de títulos que o povo paga com suas economias efetivas). Suponhamos, por exemplo, que o governo emita dinheiro para pagar empreiteiros de guerra. Os primeiros efeitos desses gastos serão, então, a elevação dos preços das provisões usadas na guerra, e a colocação do dinheiro adicional em mãos dos empreiteiros e seus empregados. (Assim como, em nosso capítulo sobre tabelamento de preços, deixamos de tratar, visando à simplicidade, de algumas complicações decorrentes da inflação, podemos agora deixar de lado, ao tratarmos da inflação, as complicações decorrentes da tentativa de tabelamento

---

[26] O leitor interessado em tais análises deve consultar: ANDERSON, Benjamin M. *The Value of Money*. 2ª Ed., New York: Richard R. Smith, 1936; MISES, Ludwig von. *The Theory of Money and Credit*, New York: Skyhorse Publishing, 2013; HAZLITT, Henry. *Inflation Crisis, and How to Resolve it*. New Rochelle: Arlington House, 1978.

de preços por parte do governo. Quando essas complicações forem consideradas, veremos que não alteram a essência da análise. Acarretam somente uma espécie de inflação bloqueada ou "reprimida" que reduz ou oculta algumas das primeiras consequências, à expensa de agravar as posteriores).

Os empreiteiros de guerra e seus empregados terão, então, maiores rendas monetárias. Vão gastá-las em determinadas mercadorias e em determinados serviços que desejam. Os vendedores desses serviços e mercadorias poderão elevar os respectivos preços, por causa do aumento da demanda. Os que têm a renda aumentada estarão dispostos a pagar preços mais elevados em vez de ficarem sem as mercadorias, pois têm mais dinheiro, e o US$1 terá menor valor subjetivo aos olhos de cada um deles.

Chamemos grupo A aos empreiteiros e seus empregados, e grupo B, àqueles de quem eles compram diretamente seus serviços e mercadorias adicionais. O grupo B, por causa do maior volume de vendas e dos preços mais altos, comprará, por sua vez, maior quantidade de mercadorias e serviços de outro grupo, o grupo C. Este, por sua vez, poderá aumentar os preços e terá maior renda para gastar com o grupo D, e assim por diante, até que o aumento dos preços e da renda monetária atinja praticamente todo o país. Completado esse processo, quase todo mundo terá uma renda mais alta em termos de dinheiro. No entanto (supondo-se que a produção de mercadorias e serviços não tenha aumentado), os *preços* das mercadorias e serviços terão aumentado na mesma proporção. O país não estará mais rico do que antes.

Porém, isso não significa que a riqueza e a renda relativas ou absolutas de cada um permaneçam as mesmas do que antes. Pelo contrário, o processo de inflação com certeza afetará a fortuna de um grupo diferentemente da fortuna de outros.

Os primeiros grupos a receberem o dinheiro adicional serão os mais beneficiados. A renda monetária do grupo A, por exemplo, terá aumentado antes do aumento dos preços, de sorte que ele poderá comprar quase a mesma proporção a mais de mercadorias. A renda monetária do grupo B será aumentada depois, quando os preços já tiveram algum aumento, mas ele também estará em melhor situação em termos de mercadorias. Entrementes, porém, os grupos que ainda não tenham tido qualquer aumento na renda monetária serão compelidos a pagar preços mais elevados pelos bens que compram, o que significa que serão obrigados a passar para um padrão de vida mais baixo do que o anterior.

Podemos esclarecer ainda mais o processo por meio de um hipotético jogo de cifras. Suponhamos que a comunidade foi dividida arbitrariamente em quatro grupos de produtores principais, A, B, C e D, que obtêm nessa ordem, com a inflação, o benefício do aumento da renda monetária. Quando a renda monetária do grupo A já estiver aumentado em 30%, os preços das mercadorias que ele compra ainda não terão aumentado. Quando a renda do grupo B tiver sido aumentada em 20%, os preços terão aumentado em média apenas 10%. Quando a renda do grupo C tiver aumentado somente 10%, os preços, no entanto, terão subido 15%. E, quando a renda do grupo D ainda estiver sem aumento, a média dos preços que ele terá de pagar pelas mercadorias de que precisar terá subido 20%. Em outras palavras: os ganhos dos primeiros grupos de produtores a beneficiarem-se com os preços ou salários mais altos, oriundos da inflação, serão forçosamente conseguidos à expensa das perdas sofridas (como consumidores) pelos últimos grupos de produtores que puderam aumentar seus preços e salários.

Pode ser que, se a inflação for detida alguns anos depois, o resultado final venha a ser, digamos, um aumento médio de 25%

na renda monetária, e um aumento médio de igual porcentagem nos preços, ambos distribuídos de forma justa por todos os grupos. Isso, porém, não eliminará os ganhos e perdas do período de transição. O grupo D, por exemplo, mesmo que seus rendimentos e preços tenham finalmente aumentado 25%, poderá comprar somente a mesma quantidade de bens e serviços que comprava antes do início da inflação. Não terá compensação pelas perdas durante o período em que seus rendimentos e preços não subiram, embora tenha tido que pagar 30% a mais pelos bens e serviços que comprou dos outros grupos produtores da comunidade A, B e C.

III

Assim, a inflação é simplesmente outro exemplo de nossa lição fundamental. Ela de fato poderá beneficiar brevemente grupos favorecidos, mas somente à custa de outros. E, no longo prazo, a inflação acarreta consequências desastrosas para toda a comunidade. Até mesmo uma inflação relativamente suave distorce a estrutura da produção. Conduz à considerável expansão de algumas indústrias à custa de outras. Isso envolve má aplicação e desperdício de capital. Quando a inflação cai ou é contida, o investimento de capital mal aplicado – quer em maquinaria, fábricas, quer em edifícios para escritórios – não pode render dividendos adequados e perde grande parte de seu valor.

Tampouco é possível deter suavemente a inflação e, assim, evitar a subsequente depressão. Nem mesmo é possível deter a inflação, uma vez que ela já começou, em certo ponto já preestabelecido, ou quando os preços tiverem alcançado um nível previamente acertado, pois tanto as forças políticas quanto as forças econômicas estarão, então, desgovernadas. Não se pode argumentar a favor de um aumento de 25% nos preços por inflação sem que alguém afirme que o argumento é 2 vezes melhor para um aumento de 50%, e alguém mais acrescente que é 4 vezes melhor para um aumento de 100%. Os grupos políticos de pressão que se beneficiaram com a inflação insistirão para que ela prossiga.

É impossível, além disso, controlar o valor do dinheiro sob a inflação, pois, conforme vimos, a causalidade nunca é simplesmente mecânica. Não se pode, por exemplo, dizer de antemão que 100% de aumento na quantidade do dinheiro significará uma queda de 50% no valor da unidade monetária. O valor do dinheiro, conforme vimos, depende das avaliações subjetivas das pessoas que o possuem. E essas avaliações não dependem somente da quantidade de dinheiro que cada pessoa possua. Elas dependem, também, da *qualidade* do dinheiro. Em tempo de guerra, o valor da unidade monetária de um país, que não segue o padrão-ouro, se elevará no exterior com a vitória e cairá com a derrota, independente das mudanças na quantidade de dinheiro. A presente avaliação dependerá, muitas vezes, daquilo que as pessoas esperam que seja a *futura* quantidade do dinheiro. E, assim como com as mercadorias nas trocas em que há especulação, o valor que cada pessoa atribui a seu dinheiro fica afetado não só pelo que *a pessoa* julga ser seu valor, como também, pelo que julga que será a avaliação do dinheiro por *todas as demais pessoas*.

Tudo isso explica por que, uma vez iniciada uma superinflação, o valor da unidade monetária cai em ritmo muito mais rápido do que a quantidade de dinheiro que já há ou a proporção em que ela pode ser aumentada. Quando se alcança essa fase, o desastre é quase completo, e o esquema se arruína.

IV

No entanto, o entusiasmo pela inflação jamais morre. Parece que quase nenhum país consegue aprender com a experiência dos outros, e que nenhuma geração aprende com os sofrimentos das que a antecederam. Cada geração e cada país seguem a mesma miragem. Cada um agarra o mesmo fruto do Mar Morto²⁷ que se desfaz na boca em pó e cinzas, pois é da natureza da inflação criar mil e uma ilusões.

O argumento que mais persistentemente se apresenta a favor da inflação, em nossos dias, é o de que ela "movimentará as engrenagens da indústria", nos salvará das perdas irrecuperáveis da estagnação e da ociosidade e trará "pleno emprego". Tal argumento, em sua forma mais grosseira, apoia-se na imemorável confusão entre a concepção de dinheiro e a de riqueza real. Esse argumento presume que esteja surgindo novo "poder aquisitivo", e que os efeitos deste se multiplicam em círculos cada vez maiores, como as ondulações na água causadas por uma pedra atirada em um lago. O verdadeiro poder aquisitivo de mercadorias, entretanto, conforme vimos, está em outras mercadorias. Não se pode aumentá-lo miraculosamente com a simples impressão de mais pedaços de papel chamados dólares. Fundamentalmente, o que acontece em uma economia de intercâmbio é que os bens que A produz são trocados pelos bens produzidos por B²⁸.

O que a inflação realmente faz é mudar a relação entre preços e custos. A mudança mais importante que ela foi feita para suscitar é elevar os preços das mercadorias frente aos índices salariais e, assim, restaurar os lucros comerciais, bem como estimular o reinício da produção nos pontos em que haja recur-

---

[27] Expressão da língua inglesa *"Dead See Apple"* é utilizada para designar algo que parece bom, mas que após uma apreciação mais cuidadosa se mostra ruim e esfacelado. (N. E.)

[28] MILL, John Stuart. *Principles of Political Economy*. livro 3, capítulo 14, parágrafo 2; MARSHALL, Alfred. *Principles of Economics*. livro IV, capítulo XII, seção 10; ANDERSON, Benjamin M. *A Refutation of Keynes – Attack on the Doctrine that Aggregate Supply Creates Aggregate Demand. In*: ANDERSON, Benjamin M. ; CLARK, John Maurice ; ELLIS, Howard S. ; HANSEN, Alvin H. *Financing American Prosperity: A Symposium of Economists*. New York: Twentieth Century Fund, 1945. Ver, também o simpósio editado pelo presente autor como: HAZLITT, Henry. *The Critics of Keynesian Economics*. New Rochelle: Arlington House, 1960.

sos inativos, restabelecendo uma relação exequível entre preços e custo de produção.

Deveria ser perfeitamente claro que se poderia conseguir isso mais direta e honestamente por meio da redução dos índices salariais impraticáveis. No entanto, os mais requintados proponentes da inflação acreditam que isso não seja, agora, politicamente possível. Às vezes, vão mais longe, acusando todas as propostas, sob quaisquer circunstâncias, de redução direta de determinadas taxas de salário a fim de diminuir o desemprego, de "antitrabalhista". Contudo, o que eles mesmos estão propondo, falando mais diretamente, é *enganar* os trabalhadores reduzindo os índices reais dos salários (ou seja, os índices salariais em termos de poder aquisitivo) por meio de um aumento nos preços.

O que eles esquecem é que o próprio trabalhador se tornou sofisticado, que os grandes sindicatos empregam economistas laborais que conhecem os números-índices, e que os trabalhadores não se deixam ludibriar. Nas atuais circunstâncias, portanto, parece improvável que a política alcance seus objetivos econômicos e políticos. Pois são precisamente os sindicatos mais poderosos, cujas taxas salariais provavelmente sejam as que mais necessitam ser corrigidas, que insistirão que elas devem ser elevadas pelo menos na proporção de qualquer aumento dos índices do custo de vida. As relações inviáveis entre preços e índices salariais-chave continuarão se prevalecer a insistência dos poderosos sindicatos. A estrutura dos índices salariais poderá realmente tornar-se ainda mais deformada, pois a grande massa de trabalhadores não organizados, cujos salários, até mesmo antes da inflação, não eram irregulares (e que, talvez, tenham até sido mantidos excessivamente baixos por causa da política de exclusão dos sindicatos), será prejudicada mais ainda, durante a transição, pela elevação dos preços.

V

Os mais sofisticados defensores da inflação, em suma, são hipócritas. Não apresentam seus argumentos com completa sinceridade, e terminam enganando até mesmo a si próprios. Começam a falar em papel-moeda como os mais ingênuos inflacionistas, como se fosse uma forma de riqueza que pudesse ser criada à vontade com a impressora. Dissertam, até solenemente, a respeito de um "multiplicador", pelo qual todo dólar impresso e gasto pelo governo se torna, magicamente, o equivalente a vários dólares acrescentados à riqueza do país.

Em suma, eles desviam sua própria atenção e a do público das verdadeiras causas de qualquer depressão existente. Pois as verdadeiras causas, na maioria das vezes, são desajustes na estrutura salário-custo-preço: desajustes entre salários e preços, entre os preços das matérias-primas e os preços das mercadorias acabadas, ou entre um preço e outro, ou entre um salário e outro. Em algum momento, tais desajustes eliminaram o incentivo para produzir, ou tornaram realmente impossível o prosseguimento da produção; e, por meio da interdependência orgânica de nossa economia de trocas, espalha-se a depressão. Apenas depois de corrigidos esses desajustes é que podem recomeçar a plena produção e o oferecimento de empregos.

De fato, a inflação pode corrigir esses desajustes, porém é um método intoxicante e perigoso. Faz suas correções não aberta e honestamente, mas por meio da ilusão. A inflação, sem dúvida, cobre todo o processo econômico com um véu de ilusão. Confunde e engana quase todos, inclusive os que sofrem com ela. Estamos todos acostumados a medir nosso rendimento e nossa riqueza em termos monetários. Tal hábito mental é tão forte que até economistas e estatísticos profissionais não podem rompê-lo de modo consistente. Não é fácil perceber as relações sempre em termos de bens reais e de bem-estar real. Quem entre nós não se sente mais rico e mais orgulhoso quando se diz que a renda nacional duplicou (em termos de dinheiro, é claro), em comparação com algum período pré-inflacionário? Até mesmo o empregado, que costumava receber US$75 por semana e agora recebe US$120, julga estar de certo modo em melhor situação, embora viver lhe custe o dobro do que na época em que ganhava US$75. Evidentemente, não está cego ao aumento do custo de vida. Contudo, não está também plenamente cônscio de sua verdadeira posição como teria estado se o custo de vida não houvesse mudado, e se seu salário em dinheiro tivesse sido reduzido para dar a ele o mesmo reduzido poder aquisitivo que tem agora, a despeito do salário aumentado, por causa dos preços mais altos. A inflação é a autossugestão, o hipnotismo, o anestésico que o deixou insensível à dor da operação. A inflação é o ópio do povo.

V

Essa é, precisamente, sua função política. É pelo fato de a inflação confundir tudo que a ela recorrem consistentemente nossos modernos governos de "economia planejada". Vimos no Capítulo 4, recorrendo a apenas um exemplo, que a crença de que as obras políticas criam forçosamente novos empregos é falsa. Vimos que, se o dinheiro fosse obtido por meio da tributação, para cada dólar que então o governo despendesse em obras públicas, US$1 seria gasto a menos pelos contribuintes na satisfação de suas necessidades, e, para cada emprego público criado, um emprego na iniciativa privada deixaria de existir.

E se as obras públicas não fossem pagas com o produto líquido da tributação? E se fossem pagas pelo financiamento de déficits, ou seja, com o produto líquido dos empréstimos do governo ou de emissões? Nessas condições, os resultados antes descritos parecem não ocorrer. As obras públicas parecem ter sido criadas a partir de "novo" poder aquisitivo. Não se pode dizer que o poder aquisitivo tenha sido arrebatado dos contribuintes. Momentaneamente, parece que a nação obteve alguma coisa sem despender coisa alguma.

Mas agora, de acordo com nossa lição, encaremos as consequências no longo prazo. O empréstimo deve ser algum dia resgatado. O governo não pode continuar indefinidamente a acumular dívidas, pois, se tentar fazê-lo, um dia acabará falindo. Como Adam Smith observou em 1776:

> Quando as dívidas nacionais chegaram a acumular-se até certo grau, creio que quase não houve um só caso de terem sido pagas de modo razoável e completo. A liberação da receita pública, se chegou sequer a ser feita, foi sempre levada a cabo por uma falência; às vezes por uma falência declarada, mas sempre por uma falência real, embora frequentemente por meio de pretenso pagamento.

Contudo, quando o governo passa a pagar a dívida que acumulou para realizar as obras públicas, tem forçosamente que tributar mais pesadamente do que despende. Neste estágio posterior, portanto, destrói forçosamente mais empregos do que os cria. A tributação extraordinariamente pesada, então necessária, não só arrebata o poder aquisitivo como também diminui ou destrói os incentivos à produção e, assim, reduz a riqueza e a renda totais do país.

A única saída para essa conclusão consiste em admitir (como, de fato, os apóstolos dos gastos públicos sempre fazem) que os políticos no poder só irão gastar dinheiro somente em períodos que, de outro modo, seriam de depressão ou "deflacionários", e prontamente pagarão a dívida em períodos que, de outra maneira, seriam de expansão ou "inflacionários". Esta é uma ficção enganadora, porém, infelizmente, os políticos no poder nunca agiram deste modo. A previsão econômica, além disso, é muito precária, e as pressões políticas operantes são de tal natureza que é improvável que os governos ajam deste modo. As despesas deficitárias, uma vez iniciadas, criam tão poderosos interesses que sua continuação é exigida seja de que modo for.

Se nenhuma tentativa honesta for feita para liquidar as dívidas acumuladas, e, ao contrário, recorrer-se à inflação para atendê-las, o resultado será o que já descrevemos, pois o país como um todo não pode obter algo sem pagar por isso. A inflação é, em si, uma forma de tributação. É talvez a pior das formas, porque normalmente oprime mais os que menos podem pagar. A hipótese de que afete igualmente a todos e a tudo (o que, como vimos, nunca é verdadeiro) nos conduziria ao absurdo de supor um imposto sobre as vendas com apenas uma alíquota incidindo sobre todas as mercadorias, tão alta para o pão e o leite quanto para os diamantes e as peles. Ou poderíamos pensar na inflação como um equivalente a um imposto de alíquota única, sem nenhuma exceção, sobre a renda de todas as pessoas. É um imposto que não recai somente sobre todas as despesas pessoais; recai também sobre as poupanças e os seguros de vida. É, de fato, um gravame de capital, sem isenção, que obriga o pobre a pagar a mesma porcentagem que o rico.

A situação, porém, é ainda pior porque, conforme vimos, a inflação não atinge a todos da mesma forma. Uns sofrem mais do que outros. Os pobres são mais pesadamente tributados pela inflação, em termos percentuais, do que os ricos, pois não têm os mesmos meios de se proteger mediante especulações na compra de patrimônio líquido real. A inflação é uma espécie de imposto que escapa ao controle das autoridades fiscais. Causa danos inconsequentemente em todas as direções. A alíquota de imposto imposta pela inflação não é fixada: não pode ser determinada antecipadamente. Sabemos o que é hoje, mas não o que será amanhã, e amanhã não saberemos o que será no dia seguinte.

Como qualquer outro imposto, a inflação age para determinar as políticas individuais e comerciais que todos somos obrigados a seguir. Desestimula toda a prudência e toda parcimônia. Encoraja o esbanjamento, as apostas, e toda espécie de desperdício insensato. Torna, muitas vezes, mais lucrativo especular do que produzir. Destrói toda a estrutura das relações econômicas estáveis. Suas injustiças intoleráveis levam os homens a recorrer a soluções desesperadas. Lança as sementes do fascismo e do comunismo. Leva os homens a exigirem controles totalitários. Invariavelmente, termina em amarga desilusão e colapso.

Capítulo 24 | O Assalto à Poupança

I

Desde tempos imemoriais, a sabedoria proverbial ensina as virtudes da poupança e previne contra as consequências da prodigalidade e do desperdício. Essa sabedoria proverbial reflete os julgamentos éticos comuns, bem como os julgamentos meramente prudentes da espécie humana. No entanto, sempre houve esbanjadores e, ao que parece, sempre houve teóricos para justificar os esbanjamentos deles.

Os economistas clássicos, refutando as falácias de sua própria época, mostraram que a política de economizar que visava ao melhor interesse individual também vislumbrava os melhores interesses da nação. Mostraram que o poupador racional, ao fazer provisões para seu próprio futuro, não estava prejudicando, mas auxiliando toda a comunidade. Atualmente, porém, a antiga virtude da poupança e sua defesa pelos economistas clássicos mais uma vez estão sendo atacadas, por outras supostas razões, enquanto a teoria oposta, a de gastar, está em voga.

A fim de tornar a questão fundamental tão clara quanto possível, nada podemos fazer de melhor, penso eu, senão começar com o exemplo clássico usado por Bastiat. Imaginemos, pois, que dois irmãos, um, perdulário, e o outro, prudente, tenham cada um herdado uma soma que proporciona a renda de US$50.000 anuais. Vamos deixar de considerar o imposto de renda, e a questão sobre se ambos de fato deviam trabalhar para viver, ou doar a maior parte de sua renda para a caridade, pois tais pormenores são irrelevantes para nosso objetivo atual.

Então Alvin, o primeiro irmão, é um gastador profuso. Gasta não só por temperamento, como por princípio. É um discípulo (para não irmos mais longe no passado) de Johann Karl Rodbertus (1805-1875), que declarou, em meados do século XIX, que os capitalistas *"devem gastar suas rendas até o último centavo em conforto e luxo"*, pois, *"se decidem economizar [...], os bens se acumulam, e parte dos trabalhadores não terá trabalho"*[29]. Alvin é sempre visto nas boates; é pródigo nas gorjetas; mantém pretensiosa residência com inúmeros serviçais; tem dois motoristas, e não economiza com relação à quantidade de automóveis que possui; tem um haras de cavalos de corrida; dirige um iate; viaja; enche a mulher de braceletes de brilhantes e casacos de pele; e dá presentes caros e inúteis aos amigos.

Para fazer tudo isso, tem de lançar mão do seu capital. Mas que importância tem isso? Se economizar com avareza é pecado, não poupar deve ser uma virtude; e, em todo caso, está simplesmente compensando o mal que está sendo feito com a economia de seu irmão avarento, Benjamin.

Não precisamos dizer que Alvin é grande favorito das "bengaleiras", dos garçons, dos donos de restaurantes, dos peleteiros, dos joalheiros, e dos luxuosos estabelecimentos de toda espécie. Consideram-no benfeitor público. Certamente é claro para todos que ele está proporcionando emprego e distribuindo seu dinheiro.

Comparado com o irmão, Benjamin é muito menos popular. Raramente é visto em joalheiros, peleteiros, ou boates, e não per-

---

[29] RODBERTUS, Johann Karl. *Overproduction and Crises*. S/N, 1850, p. 51.

mite intimidades a um *maître d'hôtel*. Enquanto Alvin não só gasta toda a renda anual de US$50 mil, como também gasta mais capital além disso, Benjamin vive muito mais modestamente, e gasta apenas cerca de US$25 mil por ano. Obviamente, as pessoas que só enxergam o que está diante dos olhos julgam que ele está proporcionando menos da metade dos empregos que Alvin proporciona, e que os outros US$25 mil são tão inúteis quanto se não existissem.

Mas vejamos agora o que Benjamin realmente faz com os outros US$25 mil. Não os deixa acumulados em sua carteira, na gaveta da escrivaninha, ou no cofre. Deposita-os em um banco ou emprega-os. Se os coloca em um banco comercial ou em uma caixa econômica, este os empresta a em curto prazo a empresas ativas, para capital de giro, ou emprega-os na compra de títulos. Em outras palavras, Benjamin investe seu dinheiro direta ou indiretamente.

Mas quando o dinheiro é investido, ele é empregado na compra de bens de capital – casas ou edifícios de escritórios, fábricas, navios, caminhões ou máquinas. Qualquer desses projetos põe em circulação tanto dinheiro, e proporciona tanto emprego, quanto a mesma quantia despendida diretamente em bens de consumo.

Em síntese, no mundo moderno, "poupança" é apenas outra forma de gastar. A diferença comum está em que se entrega o dinheiro a outrem, que o despende a fim de aumentar a produção. No que diz respeito a proporcionar empregos, a poupança e as despesas de Benjamin somadas representam tanto quanto gastou Alvin, e colocam a mesma quantidade de moeda em circulação. A principal diferença está em que os empregos proporcionados pelos gastos de Alvin podem ser vistos a olho nu por qualquer pessoa. No entanto, é necessário olhar um pouco mais cuidadosamente, e pensar um momento, para reconhecer que cada dólar que Benjamin poupa proporciona a mesma quantidade de emprego que cada dólar que Alvin esbanja.

Passam-se doze anos. Alvin está arruinado. Não mais é visto nas boates e nas lojas da moda, e aqueles a quem antigamente patrocinava, quando se referem a ele, chamam-no de tolo. Alvin escreve cartas a Benjamin pedindo dinheiro. E Benjamin, que continua a manter a mesma proporção de gastos e poupança, não só fornece mais empregos do que nunca, como também a melhores salários e mais produtivos, porque sua renda cresceu por meio dos investimentos feitos. Seu capital e sua renda também são maiores. Em suma, ele contribuiu para a capacidade produtiva danação. E Alvin, não.

II

Surgiram, nos últimos anos, tantas falácias sobre a poupança que nem todas podem ser respondidas com nosso exemplo dos dois irmãos. É necessário dedicar mais algum espaço a essas falácias. Muitas ilusões surgem de confusões tão elementares que parecem inacreditáveis, especialmente quando encontradas nas obras de economistas de grande renome. Às vezes, a palavra *poupança*, por exemplo, é usada para indicar simples *entesouramento* de dinheiro, e, em outros momentos, para significar *investimento*, sem qualquer distinção precisa entre as duas acepções.

O simples entesouramento de dinheiro que passa de mão em mão, se realizado irracionalmente, descabidamente e em larga escala, é, em muitas situações econômicas, prejudicial. Essa espécie de entesouramento, contudo, é extremamente rara. Algo semelhante a isso, mas que se deve distinguir com cuidado, ocorre muitas vezes *depois* de principiada uma queda nos negócios. *Ambos*, gastos consumptivos e investimentos, são, então, contraídos. Os consumidores reduzem as compras. Fazem-no, na realidade, em parte porque temem perder os empregos, e, desejam conservar seus recursos: reduziram as compras não porque desejam consumir menos, mas porque desejam ter certeza de que seu poder de consumir se estenderá por um período mais longo, se perderem o emprego.

No entanto, os consumidores reduzem as compras também por outra razão. Provavelmente, os preços das mercadorias caíram, e eles temem uma nova baixa. Se protelam os gastos, acreditam que poderão obter mais com seu dinheiro. Não desejam ter seus recursos em mercadorias cujo valor está caindo, mas em dinheiro que esperam que suba (relativamente) de valor.

A mesma expectativa impede-os de fazer investimentos. Perderam a confiança na lucratividade dos negócios ou, pelo menos, acreditam que, se esperarem alguns meses, poderão comprar ações ou títulos mais baratos. Podemos concebê-los como ou recusando-se conservar em suas mãos mercadorias que possam cair de preço, ou conservando dinheiro à espera de uma alta.

É impropriedade terminológica chamar "poupança" essa recusa temporária de comprar, pois não decorre dos mesmos motivos da poupança normal. E é um erro ainda mais grave dizer que essa espécie de "poupança" é a *causa* de depressões. É, pelo contrário, a *consequência* de depressões.

De fato, a recusa de comprar pode intensificar-se e prolongar uma depressão já em curso. Em épocas em que o governo intervém de modo inconstante nos negócios e os negociantes não sabem o que o governo vai fazer em seguida, cria-se uma situação de incerteza. Os lucros não são reinvestidos. Firmas e pessoas físicas deixam saldos em dinheiro acumularem-se nos bancos. Conservam maiores reservas para eventualidades. Tal entesouramento de dinheiro poderá parecer uma das causas da subsequente diminuição no ritmo das atividades comerciais. A verdadeira causa, entretanto, é a incerteza criada pelas políticas governamentais. Os maiores saldos em dinheiro de firma ou pessoas físicas são simples elos da cadeia de consequências dessa incerteza. Culpar a "poupança excessiva" pelo declínio nos negócios seria o mesmo que lançar a culpa da queda do preço das maçãs não a uma grande colheita, mas às pessoas que se recusam a pagar mais por elas.

Mas uma vez que as pessoas decidem ridicularizar uma prática ou uma instituição, qualquer argumento contra ela, por mais ilógico que seja, é considerado bom o bastante. Diz-se que as diversas indústrias de bens de consumo são criadas sob a expectativa de certa procura, e que, se as pessoas se inclinam a economizar, contrariam aquela expectativa e dão origem à depressão. Essa asserção apoia-se, sobretudo, no erro que já examinamos: o esquecimento de que o que se economiza em bens de consumo é despendido em bens de capital, e que essa "poupança" não significa necessariamente a retração de sequer US$1 no gasto total. O único elemento verdadeiro na discussão é que *qualquer* mudança *súbita* poderá ser perturbadora. Seria perturbador na mesma medida se os consumidores mudassem sua demanda de um bem de consumo para outro. Seria ainda mais perturbador se os antigos "poupadores" subitamente trocassem sua demanda de bens de capital para bens de consumo. Faz-se, também, outra objeção à "poupança": diz-se que é completa tolice. Ridiculariza-se o século XIX por sua supostamente ter inculcado a doutrina de que a humanidade, graças à poupança, está fazendo para si um bolo cada vez maior que jamais comerá. Esse quadro do processo é, em si, ingênuo e infantil. Talvez possamos desfazer-nos melhor dele colocando-nos diante de um quadro um tanto mais realista a propósito do que realmente acontece.

Imaginemos, então, um povo que, coletivamente, poupe a cada ano cerca de 20% de toda a sua produção anual. A cifra é exagerada em relação à poupança líquida que ocorreu historicamente nos Estados Unidos[30], mas é uma cifra inteira que se pode

---

[30] Historicamente, 20% representariam aproximadamente a importância bruta do produto interno bruto dedicada, cada ano, à formação de capitais (excluindo-

manejar facilmente e permite esclarecer toda e qualquer dúvida dos que acreditam que estamos "poupando exageradamente".

Agora, como resultado dessa poupança e desse investimento anuais, a produção anual total do país aumentará a cada ano. (Para isolar o problema, estamos deixando de considerar, no momento, as altas e baixas repentinas e outras flutuações). Digamos que esse aumento anual da produção seja de 2,5%. (Considera-se a porcentagem simples em vez de uma porcentagem composta, apenas para simplificar o cálculo). O quadro obtido para um período de, digamos, onze anos, seria mais ou menos assim em termos de números-índices:

Ano	Produção Total	Bens de Consumo Produzidos	Bens de Capital Produzidos
Primeiro	100	80	20*
Segundo	102,5	82	20,5
Terceiro	105	84	21
Quarto	107,5	86	21,5
Quinto	110	88	22
Sexto	112,5	90	22,5
Sétimo	115	92	23
Oitavo	117,5	94	23,5
Nono	120	96	24
Décimo	122,5	98	24,5
Undécimo	125	100	25

* Isso, naturalmente, presume que o processo de poupança e investimento já esteja ocorrendo no mesmo ritmo.

-se os bens de consumo). Quando se desconta o consumo de capital, no entanto, a economia anual líquida tem estado próxima de 12%. Ver: TERBORGH, George. *The Bogey of Economic Maturity*. Chicago: Machinery and Allied Products Institute, 1945. Para 1977, o investimento interno privado bruto foi oficialmente estimado em 16% do produto interno bruto.

A primeira coisa a se notar nesse quadro é que a produção total aumenta a cada ano *por causa da poupança*, e não teria aumentado sem ela. (É possível, sem dúvida, imaginar que melhoramentos e novas invenções simplesmente na maquinaria *substituída* e em outros bens de capital, de valor não maior do que os antigos, aumentariam a produtividade nacional, mas esse aumento importaria em muito pouco, e o argumento, em todo caso, presume suficiente investimento *anterior* para tornar possível a maquinaria existente). A poupança é usada ano após ano para aumentar a quantidade ou para melhorar a qualidade da maquinaria existente, e, portanto, para aumentar a produção nacional de mercadorias. Há, é verdade (se isso, por alguma razão estranha, for considerado uma objeção), um "bolo" cada vez maior a cada ano. A cada ano, certamente, o bolo produzido não é totalmente consumido. Mas não há restrição irracional ou cumulativa, pois, a cada ano, de fato se consome um bolo cada vez maior, até que, ao fim de onze anos (em nossa ilustração), só o bolo anual dos consumidores é igual aos bolos combinados de consumidores e produtores do primeiro ano. Além disso, os bens de capital, a capacidade de produzir bens, é, em si, 25% maior do que no primeiro ano.

Observemos alguns outros pontos. O fato de que se destinam 20% da renda nacional todos os anos à poupança não perturba, absolutamente, as indústrias de bens de consumo. Se elas vendessem apenas as 80 unidades produzidas no primeiro ano (e não houvesse aumento de preços causado por uma demanda insatisfeita), com certeza não seriam tolas a ponto de fazer planos de produção com base na suposição de que venderiam 100 unidades no segundo ano. As indústrias de bens de consumo, em outras palavras, estão *já orientadas* para a hipótese de que a situação passada, em relação às poupanças, continuará. Somente *um súbito e substancial aumento* das poupanças as perturbaria e as deixaria com mercadorias não vendidas. Essa mesma perturbação, porém, conforme já vimos, seria causada nas indústrias de bens de *capital* por uma súbita e substancial *queda* nas poupanças. Se o dinheiro que anteriormente seria empregado em poupanças fosse empregado na compra de bens de consumo, isso não aumentaria os empregos, simplesmente, acarretaria um maior preço dos bens de consumo e uma diminuição do preço dos bens de capital. Seu primeiro efeito no saldo líquido seria forçar mudanças no emprego e, temporariamente, *diminuir o* número de empregos, por seus efeitos sobre as indústrias de bens de capital. E seu efeito no longo prazo seria reduzir a produção abaixo do nível que, não fosse isso, teria alcançado.

III

Os inimigos da poupança não terminam aí. Começam a fazer uma distinção, bastante adequada, entre "poupança" e "investimento". Mas depois começam a falar como se os dois fossem variáveis independentes, e como se fosse um simples acidente que algum dia eles se igualem. Esses autores pintam um quadro prodigioso. De um lado, estão os poupadores, que continuam a poupar automática, irrazoável e estupidamente. De outro, estão as "oportunidades de investimento" limitadas, que não podem absorver esta poupança. O resultado, infelizmente, é a estagnação. A única solução, declaram, é que o governo exproprie todas essas poupanças estúpidas e prejudiciais, e invente projetos próprios, mesmo que estes sejam apenas fossos ou pirâmides inúteis a fim de usar o dinheiro e proporcionar empregos.

Há nesse quadro e nessa "solução" tanta coisa falsa, que só podemos assinalar aqui algumas das principais falácias. Poupanças podem ultrapassar investimentos apenas pelas importâncias que estiverem realmente *acumuladas em espécie*[31]. Poucas pessoas atualmente, em uma comunidade industrial moderna, acumulam moedas e notas em meias ou sob colchões. Até o pequeno grau em que isso possa ocorrer já se reflete nos planos comerciais de produção e no nível dos preços. Não é, sequer, ordinariamente cumulativo: o desentesouramento, quando os excêntricos ermitões morrem e são descobertos e gastos seus tesouros, provavelmente eliminará novos entesouramentos. De fato, toda importância envolvida é provavelmente insignificante em seus efeitos sobre as atividades comerciais.

Se o dinheiro é guardado em caixas econômicas ou bancos comerciais, estes, conforme já vimos, mostram-se ansiosos por emprestá-lo e investi-lo. Não podem permitir-se a existência de fundos inativos. A única coisa que em geral faz as pessoas aumentarem suas posses em dinheiro em espécie, ou que faz os bancos manterem fundos inativos com perda de juros, é, conforme vimos, o receio de que os preços das mercadorias caiam, ou o receio dos bancos de que elas assumam riscos demasiado grandes com o seu principal. Isso, porém, significa que já apareceram sinais de depressão e que tais sinais causaram o entesouramento, não que o entesouramento tenha iniciado a depressão.

À parte o insignificante entesouramento de dinheiro (e mesmo essa exceção pode ser julgada, em si, como "investimento" direto), poupança e investimento equilibram-se, então, da mesma maneira que a oferta e a procura de qualquer mercadoria. Pois podemos definir poupança e investimento como constituindo, respectivamente, a oferta e a procura de novos capitais.

---

[31] Muitas diferenças entre economistas, nas diversas teorias ora expressas sobre esse assunto, resultam simplesmente de diferenças de definição. Poupança e investimento podem ser definidos de modo a serem idênticos e, portanto, forçosamente iguais. Optei por definir aqui poupança em termos de dinheiro, e investimento, em termos de bens. Isso corresponde aproximadamente ao emprego comum das palavras que, no entanto, nem sempre é congruente.

CAPÍTULO 24 | O ASSALTO À POUPANÇA   243

E, do mesmo modo que a oferta e a procura de qualquer outra mercadoria se igualam por meio do preço, a oferta e a procura de capitais igualam-se mediante as taxas de juros. Taxa de juros é, simplesmente, o nome especial para o preço do capital emprestado. Consiste em um preço como qualquer outro.

Nos últimos anos, todo esse assunto tem sido confundido de forma tão terrível por sofismas tão complicados e tão desastrosa política governamental nele baseados, que quase se perdem as esperanças de que volte a reinar o bom senso e a sanidade no tocante a tal assunto. Há um temor psicopático das taxas de juros "excessivas". Argumenta-se que, se as taxas de juros forem muito altas, não será lucrativo para a indústria tomar dinheiro emprestado e investi-lo em novas fábricas e máquinas. Esse argumento tem sido tão eficaz que, em toda parte, os governos têm seguido, nas últimas décadas, políticas artificiais de "dinheiro barato". Mas o argumento, em sua preocupação com o aumento da procura de capitais, esquece o efeito dessas políticas na oferta desses mesmos capitais. Isto é mais um exemplo da falácia de olhar os efeitos de uma política somente sobre um grupo, esquecendo seus efeitos sobre outros grupos.

Se as taxas de juros forem artificialmente mantidas demasiado baixas em relação aos riscos, haverá uma redução não só de poupança, como também de empréstimo. Os que propõem a política de dinheiro barato acreditam que a poupança prossegue automaticamente, independente da taxa de juros, porque os ricos saciados nada mais terão o que fazer com seu dinheiro. Não se dignam a nos dizer precisamente em que nível de renda pessoal um homem economiza uma importância mínima fixa, independente da taxa de juros ou do nível dos riscos de emprestá-la.

O fato é que, embora o volume de poupança dos muito ricos seja, sem dúvida, muito menos afetado em proporção ao dos moderadamente abastados por mudanças nas taxas de juros, as poupanças de praticamente todos ficam afetadas em certo grau. Argumentar, na base de um exemplo extremado, que o volume das poupanças reais não diminuiria por conta de uma redução substancial na taxa de juros é o mesmo que argumentar que a produção total do açúcar não ficaria reduzida com uma queda substancial de seu preço, porque os produtores eficientes e com produção a baixo custo continuariam produzindo a mesma quantidade do que antes. Tal argumento esquece o poupador marginal e, na verdade, a maioria dos poupadores.

O efeito da manutenção de taxas de juros artificialmente baixas, na realidade, é, no fim das contas, o mesmo que o de manter qualquer outro preço abaixo do preço do mercado natural. Isso aumenta a procura e reduz a oferta. Aumenta a procura por capitais e reduz a oferta de capitais reais. Cria distorções econômicas. É verdade, inegavelmente, que uma redução artificial nas taxas de juros estimula o aumento da tomada de empréstimos. Tende, de fato, a estimular empreendimentos altamente especulativos que não poderiam prosseguir, exceto sob as condições artificiais que lhes deram origem. No tocante à oferta, a redução artificial das taxas de juros desestimula a parcimônia normal, a poupança, e o investimento. Reduz a acumulação de capital. Faz baixar o crescimento da produtividade, o crescimento econômico", que os "progressistas" alegam querer promover com muita avidez.

A taxa monetária pode, sem dúvida, ser mantida artificialmente baixa, apenas por meio de novas e contínuas injeções de moeda ou de crédito bancário, em vez de poupança real. Isso pode criar a ilusão de maior quantidade de capitais, da mesma maneira que a adição de água pode criar a ilusão de maior quantidade de leite. Mas é uma política de contínua inflação. É, obviamente, um processo que envolve um perigo cumulativo. A taxa monetária subirá, e uma crise se desenvolverá se a inflação for revertida, ou simplesmente detida, ou, ainda, se continuar em ritmo lento.

Falta ainda apontar que, enquanto novas injeções de moeda corrente ou crédito bancário podem, no início e temporariamente, provocar a baixa das taxas de juros, a persistência desse artifício deve, em última instância, *elevar* estas taxas. Isso acontece porque novas injeções de moeda tendem a baixar o poder aquisitivo do dinheiro. Os financiadores, então, percebem que o dinheiro emprestado hoje tem menor poder de compra daqui a um ano, digamos, quando o receberem de volta. Portanto, à taxa de juros normais acrescentaram um prêmio para compensá-los pela perda prevista do poder aquisitivo de seu dinheiro. Este prêmio pode ser alto, dependendo da extensão da inflação prevista. Dessa maneira, a taxa de juros anual sobre as letras do Tesouro britânico subiu 14% em 1976; os títulos do governo italiano alcançaram 16% em 1977; e a taxa de desconto do Banco Central do Chile disparou a 75% em 1974. Em resumo, as políticas de dinheiro barato, no fim das contas, criam oscilações muito mais violentas nos negócios do que as oscilações que elas foram feitas para remediar ou evitar.

Se nenhum esforço for feito para alterar as taxas monetárias por meio das políticas inflacionárias do governo, o aumento das poupanças criará sua própria demanda ao reduzir as taxas de juros de maneira natural. A maior oferta de poupanças em busca de investimentos força os poupadores a aceitar taxas mais baixas. Taxas mais baixas, entretanto, significam também que maior número de empresas está em condições de tomar empréstimos, porque seus lucros esperados com as novas máquinas ou fábricas compradas com a renda parecem ter boa probabilidade de exceder o que têm que pagar pelos fundos tomados de empréstimo.

IV

Chegamos agora à última falácia acerca da poupança com a qual pretendo lidar. Trata-se da suposição frequente de que há um limite fixo para o montante do novo capital que se pode absorver, ou mesmo que o limite de expansão do capital já foi alcançado. É incrível que tal teoria possa prevalecer mesmo entre os ignorantes e, ainda mais, que seja adotada por economistas experientes. Quase toda a riqueza do mundo moderno, quase tudo o que o distingue do mundo pré-industrial do século XVII, consiste em seus capitais acumulados.

Estes capitais são, em parte, formados por muitos elementos que poderiam ser chamados bens duráveis de consumo: automóveis, refrigeradores, mobília, escolas, universidades, igrejas, bibliotecas, hospitais e, acima de tudo, casas particulares. Jamais, na história do mundo, houve suficiente número de casas particulares. Mesmo que houvesse um número suficiente de casas, do ponto de vista puramente numérico, são possíveis e desejáveis melhoramentos *qualitativos*, sem limite definido, exceto nas melhores casas.

A segunda parte do capital é o que poderemos chamar de capital propriamente dito. Compreende as ferramentas da produção, incluindo tudo, desde o mais grosseiro machado, faca ou arado, até a mais requintada máquina operatriz, o maior gerador elétrico ou cíclotrons, ou a fábrica mais incrivelmente equipada. Aí também, quantitativamente e, sobretudo, qualitativamente, não há limite para a expansão que é possível e desejável. Não haverá um "excesso" de capital até que o país mais atrasado esteja tão bem equipado tecnologicamente quanto o mais adiantado, até que a fábrica mais ineficiente do país se coloque à altura da fábrica com equipamento mais moderno e aprimorado, e até que os mais modernos instrumentos de produção tenham alcançado o ponto no qual o engenho humano chegue a um beco sem saída e não mais possa aperfeiçoá-los. Enquanto qualquer dessas condições não estiver preenchida, haverá espaço infinito para maior quantidade de capital.

Como, porém, poderá ser "absorvido" o capital adicional? Como poderá ser "pago"? Se for reservado e poupado, será absorvido e pago por si mesmo, pois os produtores investem dinheiro em novos bens de capital – ou seja, adquirem novas, melhores e mais engenhosas ferramentas – porque essas ferramentas *reduzem o custo da produção*. Elas ou criam bens que o trabalho manual sem seu auxílio não poderia criar (e isto, agora, inclui a maioria dos bens que nos cercam – livros, máquinas de escrever, automóveis, locomotivas, pontes suspensas), ou aumentam, enormemente, as quantidades em que tais bens podem ser produzidos, ou (e isto é simplesmente enunciar a questão de maneira diferente) reduzem o custo *unitário* da produção. Como não há limite atribuível para o grau em que se pode reduzir o custo unitário da produção – até que tudo possa ser produzido sem custo algum –, não há limite certo para o montante do novo capital que se pode absorver.

A constante redução do custo unitário da produção, pela adição de novo capital, faz qualquer uma destas duas coisas ou ambas. Reduz o custo dos bens para os consumidores e aumenta os salários da mão de obra que usa as máquinas, porque aumenta a força produtiva desta. Assim, uma nova máquina beneficia tanto as pessoas que nela trabalham diretamente quanto a grande classe dos consumidores. No caso destes últimos, podemos dizer que ela ou lhes fornece mais e melhores mercadorias com o mesmo dinheiro, ou, o que é a mesma coisa, aumenta sua renda real. No caso dos trabalhadores que usam a nova máquina, ela aumenta seus salários reais de forma dupla, ao aumentar também seu salário nominal. Um exemplo típico é a indústria de automóveis. A indústria automobilística nos

Estados Unidos paga os salários mais elevados do mundo, que está inclusive entre os mais altos salários dos Estados Unidos. Contudo (até cerca de 1960), os fabricantes norte-americanos de automóveis podiam vender por preços inferiores aos dos demais fabricantes do mundo, porque seu custo unitário era mais baixo. E o segredo estava em que o capital empregado na fabricação de automóveis norte-americanos era maior por trabalhador e por automóvel do que em qualquer outro lugar.

Há pessoas, no entanto, que pensam que alcançamos, nos Estados Unidos, o fim do processo[32], e outras, ainda, que pensam que, mesmo que não o tenhamos alcançado, o mundo é tolo o bastante para continuar poupando e aumentando seu volume de capitais.

Não seria difícil dizer, depois de nossa análise, de quem é, na verdade, a tolice. (É verdade que os Estados Unidos recentemente vêm perdendo sua liderança econômica no mundo, mas por causa de nossas próprias políticas governamentais anticapitalistas, e não por causa da "maturidade econômica").

---

[32] Para uma refutação estatística desta falácia, consulte: TERBORGH, George. *The Bogey of Economic Maturity. Op. cit.* Os "estagnacionistas" refutados pelo doutor Terborgh foram sucedidos pelos galbraithianos, com uma teoria semelhante.

Capítulo 25 | Repete-se a Lição

I

A economia, conforme vimos repetidas vezes, é uma ciência que reconhece consequências *secundárias*. É, também, uma ciência que vê as consequências *gerais*. Trata-se da ciência que rastreia os efeitos de alguma política proposta ou existente, não apenas em relação a algum interesse *especial no curto prazo*, como também em relação ao interesse *geral no longo prazo*.

Essa a lição é a preocupação específica deste livro. Nós primeiro a enunciamos em forma de esqueleto, e, depois, nela colocamos carne e pele no decorrer de mais de uma dezena de aplicações práticas.

Mas, no curso de ilustrações específicas, encontramos sugestões de outras lições gerais, e seria conveniente enunciarmos tais lições mais claramente a nós mesmos.

Vendo que a economia é uma ciência que rastreia consequências, tornamo-nos cônscios de que, assim como a lógica e a matemática, é uma ciência que reconhece *implicações* inevitáveis.

Podemos ilustrar esse argumento por meio de uma equação algébrica elementar. Suponhamos que, se $x = 5$, então $x + y = 12$. A "solução" dessa equação é que y é igual a 7; mas esse é precisamente o resultado porque a equação de fato nos *diz* que *y* é igual a 7. Ela não faz essa asserção diretamente, mas inevitavelmente a insinua.

O que é verdadeiro nessa equação elementar é verdadeiro nas mais complicadas e abstrusas equações que se encontram na matemática. *A resposta encontra-se na própria enunciação do problema*. Deve, é verdade, ser "calculada". O resultado, na verdade, pode às vezes chegar ao homem que resolve a equação como formidável surpresa. Pode ser ainda que ele tenha a sensação de estar descobrindo alguma coisa inteiramente nova, uma emoção semelhante à de "algum observador dos céus quando um novo planeta lhe surge à vista". Sua sensação de descoberta pode ser justificada pelas consequências teóricas ou práticas da sua solução. Contudo, sua solução já estava contida na formulação do problema. Apenas não fora reconhecida imediatamente, pois a matemática nos lembra que implicações inevitáveis não são, necessariamente, implicações óbvias.

Tudo isso é igualmente verdadeiro no tocante à economia. A esse respeito, poderíamos também comparar a economia à engenharia. Quando um engenheiro tem um problema, deve em primeiro lugar determinar todos os fatos que com ele se relacionam. Se desenha uma ponte para ligar dois pontos, deve primeiro conhecer a distância exata entres esses dois pontos e sua precisa natureza topográfica, a carga máxima que a ponte será projetada para suportar, a força de tensão e compressão do aço ou de outro material com que a ponte será construída, e as vibrações e tensões a que será submetida. Boa parte dessas pesquisas factuais já foi feita para ele por terceiros. Seus predecessores também já desenvolveram equações matemáticas complicadas pelas quais, conhecendo a resistência dos materiais e a tensão a que estes estarão sujeitos, ele poderá determinar o diâmetro, a forma, o número e a estrutura das torres, cabos e vigas da ponte.

Igualmente, o economista a quem se propôs um problema prático deve conhecer os fatos essenciais desse problema e as deduções válidas a serem tiradas desses fatos. O aspecto dedutivo da economia não é menos importante do que o factual. Pode-se dizer sobre ele o que Santayana diz da lógica (e que se poderia, igualmente, dizer da matemática), que "ela investiga a radiação da verdade", de sorte que, "quando se sabe que um termo de um sistema lógico descreve um fato, todo o sistema ligado a esse termo torna-se, por assim dizer, incandescente"[33].

Ora, poucas são as pessoas que reconhecem as necessárias implicações das declarações sobre economia que constantemente fazem. Quando dizem que o processo de salvação econômica consiste em aumentar o crédito, é como se dissessem que o processo de salvação econômica é aumentar as dívidas: são palavras diferentes para a mesma coisa, vista de lados opostos. Quando dizem que o meio para chegar à prosperidade está em aumentar os preços dos produtos agrícolas, é como se dissessem que o meio para chegar à prosperidade é tornar o alimento mais caro para o trabalhador da cidade. Quando dizem que o meio para criar a riqueza nacional é o governo distribuir subsídios, é o mesmo que dizerem que o meio de criar a riqueza nacional consiste em aumentar os impostos. Quando têm como principal objetivo aumentar a exportação, a maioria não compreende que, afinal, forçosamente tornam seu objetivo principal aumentar as importações. Quando dizem, sob quase todas as condições, que a solução para a recuperação é aumentar os salários, estão apenas encontrando outro meio para dizer que a solução para a recuperação está em aumentar o custo da produção.

Isso não significa necessariamente – porque cada uma dessas proposições, como uma moeda, tem seu reverso, ou porque a proposição equivalente, ou o outro nome para o remédio,

---

[33] SANTAYANA, George. *The Realm of Truth*. New York: Scribners, 1938, p. 16.

soa menos atraente – que a proposta original seja irracional sob qualquer condição. Pode haver ocasiões em que um aumento de dívidas seja uma insignificante consideração, em comparação com os ganhos conseguidos mediante fundos tomados por empréstimo; quando um subsídio governamental é inevitável para alcançar certo fim; quando determinada indústria pode permitir-se um aumento no custo da produção etc. No entanto, devemos assegurar-nos de que, em cada caso, ambas as faces da moeda tenham sido consideradas, e que todas as implicações de uma proposta tenham sido estudadas. E raramente se faz isso.

II

A análise dos nossos exemplos ensinou-nos outra lição incidental: quando estudamos os efeitos de várias propostas não apenas sobre determinados grupos no curto prazo, mas sobre todos os grupos no longo prazo, as conclusões a que geralmente chegamos correspondem às do senso comum não erudito. Não ocorreria a pessoa alguma, não familiarizada com o predominante semianalfabetismo econômico, que é bom ter vitrines quebradas e cidades destruídas; que desperdício criar projetos públicos inúteis é tudo menos desperdício; que é perigoso deixar hordas de homens ociosos retornarem ao trabalho; que as máquinas que aumentam a produção da riqueza e economizam o esforço humano devem ser temidas; que as obstruções à livre produção e ao livre consumo aumentem a riqueza; que a nação se torna mais rica forçando outras a comprar suas mercadorias a preços abaixo do custo da produção; que a poupança é tola ou prejudicial, e que o esbanjamento traz prosperidade.

"O que é prudência na conduta de toda família particular" – disse o firme bom senso de Adam Smith, em resposta aos sofistas de seu tempo – "dificilmente pode ser loucura na de um grande reino". Homens inferiores, entretanto, perdem-se em complicações.

Não reexaminam seus raciocínios mesmo quando emergem com conclusões que são palpavelmente absurdas. Dependendo de suas próprias crenças, o leitor pode ou não aceitar o aforismo de Bacon, segundo o qual "um pouco de filosofia inclina o espírito do homem para o ateísmo, ao passo que o aprofundamento na filosofia conduz seu espírito para a religião". É verdade, no entanto, que um pouco de noção de economia pode, facilmente, conduzir às conclusões paradoxais e ridículas que acabamos de expor, enquanto o aprofundamento nessa noção fará com que os homens recobrem o bom senso. Pois o aprofundamento na economia consiste em procurar todas as consequências de uma política, em vez de apenas dirigir o olhar para as que são imediatamente visíveis.

III

No decurso de nosso estudo redescobrimos também um velho amigo. É o *Homem Esquecido* de William Graham Sumner (1840-1910). O leitor se lembrará disso no ensaio de Sumner, que foi publicado em 1883:

> Assim que A observa alguma coisa que lhe parece errada, da qual X está sofrendo, conversa a respeito com B e, então, A e B propõem a promulgação de uma lei que remedeie o mal e auxilie X. Tal lei objetiva sempre determinar o que C deve fazer por X ou, na melhor das hipóteses, o que A, B e C devem fazer por X. [...] O que eu quero fazer é procurar C. [...] Chamo-o de *Homem Esquecido* [...]. É o Homem em quem nunca pensamos [...]. É a vítima do reformador, do especulador social e do filantropo, e espero mostrar a vocês, antes de terminar, que ele merece sua atenção, dado o seu caráter e os muitos encargos que sobre ele pesam.

É uma histórica ironia que, quando esta expressão, o *Homem Esquecido*, foi ressuscitada na década de 1930, foi aplicada não a C, mas a X. E C, a quem se pedia que sustentasse mais outros X, ficou ainda mais completamente esquecido do que nunca. É este C, o *Homem Esquecido*, sempre chamado para estancar o sangue do coração ferido dos políticos, pagando por sua generosidade indireta.

IV

O estudo de nossa lição não estaria completo se, antes de nos despedirmos, nos esquecêssemos de observar que a falácia fundamental de que viemos tratando não surge acidentalmente, mas sistematicamente. É, na realidade, um resultado quase inevitável da divisão do trabalho.

Em uma comunidade primitiva, ou entre pioneiros, antes de ter surgido a divisão do trabalho, o homem trabalha somente para si ou para a sua família. O que consume identifica-se com o que produz. Há, sempre, relação direta e imediata entre sua produção e a satisfação de suas necessidades.

Quando, porém, se estabelece uma divisão de trabalho complexa e minuciosa, essa relação direta e imediata deixa de existir: não produzo mais todas as coisas que consumo, e talvez produza apenas uma delas. Com a renda que obtenho ao produzir apenas uma mercadoria, ou ao prestar um único serviço, adquiro todo o resto. Desejo que o preço de tudo o que compro seja baixo, mas é de meu interesse que o preço da mercadoria ou dos serviços que tenho para vender seja alto. Portanto, embora eu deseje ver abundância em tudo o mais, é de meu interesse que exista escassez da mercadoria que a mim cabe oferecer. Quanto maior a escassez, comparada com tudo o mais, da mercadoria que ofereço, tanto mais alta será a recompensa que poderei obter pelos meus esforços.

Isso não significa necessariamente que restringirei meus esforços ou minha produção. De fato, se sou apenas um entre considerável número de pessoas que oferecem a mercadoria, ou que prestam determinado serviço, e se existe livre concorrência em meu ramo, esta restrição individual não me compensará. Pelo contrário, se sou cultivador de trigo, digamos, desejo que minha colheita particular seja tão grande quanto possível. Mas, se estou preocupado somente com meu próprio bem-estar material e não tenho escrúpulos humanitários, desejo que a produção de *todos* os outros cultivadores de trigo seja a *menor* possível, pois desejo a escassez do trigo (e de qualquer outro produto alimentício que o substitua), de modo que, com minha colheita particular, possa impor o preço mais alto possível.

Costumeiramente, tais sentimentos egoístas não teriam efeito sobre a produção total do trigo. De fato, onde quer que haja concorrência, cada produtor é obrigado a despender o máximo esforço para aumentar, tanto quanto possível, a produção de suas terras. Assim, as forças do egoísmo (que, para o bem ou para mal, são mais persistentemente poderosas do que as do altruísmo) são utilizadas para maximizar a produção.

No entanto, se é possível aos cultivadores de trigo ou a qualquer outro grupo de produtores se associarem para eliminar a concorrência, e se o governo permitir ou estimular tal medida, a situação se modificará. Os cultivadores de trigo talvez consigam persuadir o governo nacional – ou, melhor, uma organização mundial – a forçar todos eles a reduzir *pro rata* a área de plantação de trigo. Dessa maneira, provocarão a escassez e aumentarão o preço do trigo; e se o aumento do preço por alqueire for proporcionalmente maior do que a redução da produção, como poderá muito bem ocorrer, então os cultivadores de trigo como um todo ficarão em melhor situação. Conseguirão maior quantidade de dinheiro, e poderão comprar maior quantidade de todas as outras coisas. É verdade que todos os outros ficarão em situação pior, pois, considerando-se iguais os outros elementos, todos os demais terão que dar mais do que produzem para obter menos daquilo que os cultivadores de trigo produzem. Desse modo, o país como um todo estará, sob esse aspecto, mais pobre. Estará mais pobre na mesma proporção da quantidade de trigo que não produziu. Contudo, os que consideram apenas os cultivadores de trigo verão o ganho, e não perceberão a mais do que saliente perda.

Isso se aplica a todas as demais atividades. Se, por causa de condições climáticas incomuns, há súbito aumento na colheita de laranjas, todos os consumidores serão beneficiados. O mundo estará mais rico na mesma proporção dessa maior quantidade de laranjas. Estas serão mais baratas. Mas este mesmo fato poderá tornar mais pobres do que antes os cultivadores de laranjas como um grupo, a menos que a maior oferta de laranjas compense, ou mais do que compense, o preço baixo. Certamente, se sob tais condições minha colheita particular de laranjas não é tão grande quanto de costume, então, certamente perderei com o preço baixo causado pela abundância geral.

E o que se aplica às mudanças na oferta aplica-se também às mudanças na procura, quer causadas por novas invenções e descobertas, quer por mudanças nas preferências. Uma nova máquina de colher algodão, conquanto possa reduzir o custo de roupas íntimas e camisas de algodão para todo mundo, e aumentar a riqueza geral, deixará sem trabalho milhares de apanhadores de algodão. Uma nova máquina têxtil, tecendo uma fazenda melhor a um ritmo mais rápido, tornará obsoletas milhares de máquinas antigas e eliminará parte do valor do capital nelas investido, tornando, assim, mais pobres os proprietários dessas máquinas. O desenvolvimento ainda maior da energia atômica, conquanto possa conceder bênçãos inimagináveis à humanidade, é temido pelos proprietários de minas de carvão e de poços de petróleo.

Do mesmo modo que não há aperfeiçoamento técnico que não prejudique alguém, não há mudança nas preferências do público ou na moral, mesmo para melhor, que não venha prejudicar outra pessoa. Um aumento na abstinência deixaria milhares de *barmen* desempregados. Um declínio no jogo de azar forçará crupiês e informantes clandestinos de bancas de apostas de hipódromos a procurarem ocupações mais produtivas. Um aumento da castidade masculina arruinaria a mais antiga profissão do mundo.

Mas não só aqueles que deliberadamente servem de instrumento aos vícios humanos que ficariam prejudicados com uma súbita melhoria da moral pública. Entre os mais prejudicados estariam, precisamente, aqueles cuja função é melhorar a moral. Os sacerdotes teriam menos motivo para queixas; os reformadores perderiam o objeto de suas causas; e a procura pelos serviços deles e as contribuições para mantê-los declinariam. Se não houvesse criminosos, precisaríamos de menos advogados, juízes e bombeiros, e de nenhum carcereiro, nenhum serralheiro, e (salvo para serviços como eliminar complicações do trânsito) nem mesmo policiais.

Sob um sistema de divisão do trabalho, em suma, é difícil imaginar maior satisfação de qualquer necessidade humana que, pelo menos temporariamente, não prejudique algumas das pessoas que tenham feito investimentos, ou que tenha penosamente se capacitado para satisfazer a essa mesma necessidade. Se o progresso fosse absolutamente nivelado ao longo de todo o círculo, esse antagonismo entre os interesses de toda uma comunidade e o de grupos especializados não apresentaria, caso sequer fosse notado, qualquer problema sério. Se, no mesmo ano em que a colheita mundial de trigo aumentou, minha produção aumentasse na mesma proporção, se a colheita de laranjas e de todos os demais produtos agrícolas também aumentasse na mesma proporção, e se a produção de todos os bens industriais aumentasse também, e o custo unitário da produção caísse proporcionalmente, eu, então, na condição de cultivador de trigo, nada sofreria pelo fato de haver aumentado a produção desse cereal. O preço que eu costumava obter por um alqueire de trigo talvez caia. O valor total que eu obtinha com minha produção aumentada talvez diminua. No entanto, se eu também pudesse, por causa do aumento nas ofertas, comprar por preço mais baixo a produção de todos os demais, não teria, então, motivos concretos para me queixar. Se o preço de tudo o mais caísse exatamente na mesma proporção da queda do preço de meu trigo, eu estaria em melhor situação, exatamente na proporção do aumento de minha colheita total; e, da mesma forma, todos os demais se beneficiariam proporcionalmente ao aumento das ofertas de todos os bens e serviços.

Mas o progresso econômico nunca se realizou e, provavelmente, jamais se realizará dessa maneira absolutamente uniforme. O avanço ocorre ora em um ramo de produção, ora em outro. E, se há um aumento súbito na oferta do produto que ajudo a produzir, ou se alguma nova invenção ou descoberta faz com que não seja mais necessário o que produzo, então, o ganho para o mundo será uma tragédia para mim e para o grupo produtor de que faço parte.

Ora, não é sempre o ganho generalizado com o aumento da oferta, ou com nova descoberta que, forçosamente, impressiona mesmo o observador mais desinteressado, mas a perda concentrada. O fato de que haja mais café, e cada vez mais barato, para todo mundo, escapa à atenção; o que se vê é que alguns plantadores de café não podem subsistir com o preço baixo. O aumento da produção de sapatos a baixo custo, resultante do emprego de nova máquina, é esquecido; o que se vê é que um grupo de homens e mulheres perdeu seus empregos. É perfeitamente natural – e, na realidade, essencial para a plena compreensão do problema – que se reconheça a situação difícil desses grupos, que as pessoas se solidarizem com eles, e que procuremos verificar se alguns dos ganhos desse progresso especializado podem ser usados para auxiliar as vítimas a encontrar, em outro lugar, uma função produtiva.

A solução, porém, nunca é reduzir arbitrariamente as ofertas, impedir novas invenções ou descobertas, ou sustentar as pessoas para que continuem executando um serviço que não tem mais valor. Tais medidas, todavia, são as que o mundo tem constantemente procurado adotar por meio de tarifas protecionistas, destruição de máquinas, queima de café, e milhares de outros esquemas de restrição. É a doutrina insana da riqueza mediante a escassez.

É uma doutrina que sempre poderá ser verdadeira particularmente, o que se considera lastimável, para qualquer grupo específico de produtores considerados isoladamente, se seus componentes puderem tornar escasso o único produto que tenham para vender, ao mesmo tempo que consigam manter abundantes todos os artigos que tenham de comprar. Trata-se, entretanto, de doutrina manifestamente falsa. Nunca se pode aplicá-la ao longo de todo o círculo, pois isso significaria suicídio econômico.

É esta nossa lição em sua forma mais generalizada, pois percebe-se que muitas coisas que parecem verdadeiras quando nos concentramos em apenas um grupo são ilusões quando se consideram os interesses de todos, tanto dos consumidores quanto dos produtores.

Ver o problema como um todo e não em fragmentos: é este o objetivo da ciência econômica.

A Lição Trinta Anos Depois

PARTE III

Capítulo 26 | A Lição Trinta Anos Depois

A primeira edição deste livro foi publicada em 1946. Escrevo esta versão trinta e dois anos depois. Quanto da lição exposta nas páginas anteriores foi aprendido neste período?

Se estivermos nos referindo aos políticos – a todos aqueles responsáveis pela formulação e pela imposição das políticas governamentais –, praticamente nada foi aprendido da lição. Pelo contrário, as políticas analisadas nos capítulos precedentes encontram-se muito mais profundamente estabelecidas e difundidas, não apenas nos Estados Unidos, como também em quase todos os países do mundo, do que se encontravam, quando este livro foi publicado pela primeira vez.

Podemos tomar, como exemplo preponderante, a inflação. Esta não é apenas uma política imposta por si mesma, mas um resultado inevitável da maioria das outras políticas intervencionistas. É, hoje, o símbolo universal da intervenção governamental em toda parte.

A edição de 1946 explicou as consequências da inflação, mas esta, então, era comparativamente moderada. A verdade é que, em 1926, embora as despesas do governo federal tenham sido inferiores a US$3 bilhões e houvesse um excedente, no ano fiscal de 1946, as despesas subiram a US$55 bilhões, com um déficit de US$16 bilhões. Contudo, no ano fiscal de 1947, com o fim da guerra, as despesas caíram para US$35 bilhões, e houve um excedente real de quase US$4 bilhões. Já no ano fiscal de 1978, as despesas dispararam para US$451 bilhões, e o déficit aumentou para US$49 bilhões.

Tudo isso foi seguido de um enorme aumento no estoque de dinheiro – de US$113 bilhões de depósitos à vista mais moeda corrente em circulação fora dos bancos, em 1947, para US$357 bilhões, em agosto de 1978. Em outras palavras, o estoque de dinheiro ativo mais do que triplicou no período.

O efeito desse aumento de dinheiro foi um considerável aumento dos preços. Em 1946, o índice de preços ao consumidor era de 58,5. Em setembro de 1978, era de 199,3. Em resumo, os preços mais do que triplicaram.

A política de inflação, conforme disse, é parcialmente imposta por si mesma. Passados mais de quarenta anos após a publicação de *The General Theory of Employment, Interest, and Money* [*Teoria Geral do Emprego, do Juro e da Moeda*] por John Maynard Keynes, e mais de vinte anos após esse livro ter sido inteiramente desacreditado pela análise e experiência, um grande número de nossos políticos está, ainda, incessantemente recomendando mais déficit, a fim de melhorar ou reduzir o desemprego existente. Uma espantosa ironia é que eles estejam fazendo estas recomendações quando o governo federal já vem apresentando um déficit por 41 dos últimos 48 anos, e quando este déficit vem alcançando dimensões de US$50 bilhões ao ano.

Uma ironia ainda maior é que, não satisfeitos em seguir essas políticas desastrosas no país, nossos representantes têm criticado outros países, principalmente Alemanha e Japão, por não seguirem essas políticas "expansionistas". Isto nos faz lembrar da raposa de Esopo, que, quando perdeu sua cauda, persuadiu todas as outras raposas a cortarem seus rabos também.

Um dos piores resultados da retenção dos mitos keynesianos é que não apenas fomenta uma inflação cada vez maior, como também, sistematicamente, desvia a atenção das causas reais de nosso desemprego, como índices de aumento salarial excessivos fixados pelos sindicatos, leis de salário mínimo, seguro-desemprego excessivo e prolongado, e pagamentos de seguros sociais supergenerosos.

Contudo, a inflação, embora em parte frequentemente intencional, é hoje, sobretudo, a consequência de outras intervenções econômicas governamentais. Em resumo, é a consequência do Estado de Redistribuição – de todas as políticas que objetivam despir um santo para vestir outro.

Tal processo seria mais fácil de rastrear, e seus efeitos perniciosos seriam mais fáceis de serem expostos, se fossem todos efetuados por meio de uma só medida – como a renda anual garantida, de fato proposta e seriamente considerada pelos comitês do Congresso no início da década de 1970. Esta foi uma proposta para taxar, ainda mais implacavelmente, todas as rendas acima da média e transferir o lucro para todos aqueles que vivem abaixo de um assim denominado nível mínimo de pobreza, a fim de lhes assegurar uma renda, quer estejam inclinados a trabalhar ou não, "para dar-lhes condições de viver com dignidade". Seria difícil imaginar um plano mais claramente calculado para desestimular o trabalho e a produção, e, em última instância, empobrecer todo o mundo.

No entanto, em vez de decretar uma única medida, e precipitar a ruína em apenas um golpe, nosso governo preferiu aprovar uma centena de leis que realizam tal redistribuição em uma base parcial e seletiva. Tais medidas podem não atingir inteiramente alguns grupos muito necessitados; mas, por outro lado, podem descarregar sobre outros grupos uma dúzia de diferentes espécies de benefícios, subsídios e outras dádivas. Estas incluem, para fornecer uma lista aleatória: seguro social, programa de assistência médica para idosos e deficientes, programa de assistência médica para pessoas de baixa renda, seguro-desemprego, vales para a aquisição de alimentos, benefícios para veteranos de guerras, subsídios agrícolas, moradia subsidiada, subsídios para aluguel, merenda escolar, empregos em obras públicas criadas só para gerar emprego, auxílio a famílias com filhos dependentes, e assistência social direta de todas as espécies, inclusive auxílio aos idosos, cegos e deficientes. O governo federal calculou que, nestas últimas categorias, tem distribuído benefícios de auxílio federal para mais de quatro milhões de pessoas, sem contar o que os Estados e cidades vêm fazendo.

Recentemente, um autor contou e examinou nada menos do que 44 programas de bem-estar social. Em 1976, as despesas do governo com tais programas alcançavam US$187 bilhões. O crescimento médio combinado destes programas, entre 1971 e 1976, foi de 25% ao ano – 2,5 vezes a taxa de crescimento do produto interno bruto estimado para o mesmo período. As despesas projetadas para 1979 ultrapassam US$250 bilhões. O extraordinário crescimento dessas despesas com o bem-estar social tem coincidido com o desenvolvimento de uma "indústria nacional de bem-estar social", agora composta por 5 milhões de trabalhadores públicos e privados distribuindo pagamentos e serviços para 50 milhões de beneficiários[34].

Quase todos os outros países ocidentais vêm aplicando uma seleção similar de programas de auxílio, embora, às vezes, em conjunto mais integrado e menos aleatório. E, a fim de fazer isto, eles têm lançado mão de impostos cada vez mais draconianos.

Precisamos apenas citar a Grã-Bretanha como um exemplo. Seu governo vem taxando a renda pessoal derivada do tra-

---

[34] HOBBS, Charles D. *The Welfare Industry*. Washington, D. C.: Heritage Foundation, 1978.

balho (renda "ganha") em até 83%, e a renda pessoal derivada de investimento (renda "não ganha") em até 98%. Deveria ser surpreendente que isso tenha desestimulado o trabalho e o investimento, e desestimulado muito profundamente a produção e o emprego? Não há maneira mais certa de reduzir o emprego do que acossar e penalizar os patrões. Não há forma mais certa de manter os salários baixos do que destruir todos os incentivos para investimento em máquinas e equipamentos novos e mais eficientes. No entanto, isto está se tornando cada vez mais a política de governos em toda a parte.

Contudo, tal imposto draconiano não tem trazido proventos para acompanhar os cada vez mais imprudentes gastos governamentais e esquemas de redistribuição de riqueza. O resultado tem sido gerar déficits orçamentários do governo crônicos e crescentes e, consequentemente, uma inflação crônica e crescente, em quase todos os países do mundo.

Nos últimos trinta anos aproximadamente, o Citybank of New York vem mantendo um registro dessa inflação em períodos de dez anos. Seus cálculos baseiam-se nas estimativas de custo de vida publicadas pelos próprios governos individualmente. Em sua carta de economia de outubro de 1977, publicou uma pesquisa de inflação em cinquenta países. Esses números mostram que, em 1976, por exemplo, o marco da Alemanha Ocidental, com a melhor cotação, havia perdido 35% de seu poder aquisitivo em relação aos 10 anos anteriores; que o franco suíço perdera 40%; o dólar norte-americano, 43%; o franco francês, 50%; o iene japonês, 57%; a coroa sueca, 47%; a lira italiana, 56%; e a libra inglesa, 61%. Quando passamos à América Latina, o cruzeiro brasileiro havia perdido 89% de seu valor; e os pesos uruguaio, chileno e argentino, mais de 99%.

Mas, quando comparado com a cotação de um ou dois anos anteriores, o índice total de desvalorização das moedas correntes mundiais foi mais moderado. Em 1977, o dólar americano foi desvalorizado em uma taxa anual de 6%; o franco francês, de 8,6%; o iene japonês, de 9,1%; a coroa sueca, de 9,3%; a libra inglesa, de 14,5%; a lira italiana, de 15,7%; e a peseta espanhola, de 17,5%. Quanto à experiência da América Latina, a unidade monetária brasileira, em 1977, teve uma taxa de depreciação anual de 30,8%; a uruguaia, de 35,5%; a chilena, de 53,9%; e a argentina, de 65,7%. Deixo aqui para o leitor imaginar o caos que estas taxas de desvalorização do dinheiro causaram nas economias desses países, e o sofrimento causado nas vidas de milhões de seus habitantes.

Conforme já mencionei, essas inflações, elas próprias as causas de tanta miséria humana, foram, por sua vez, em grande parte consequência de outras políticas governamentais de intervenção econômica. Quase todas essas intervenções ilustram e acidentalmente dão ênfase à lição básica deste livro. Todas foram promulgadas com base na suposição de que ofereceriam algum benefício imediato a algum grupo especial. Todos os que as aprovaram esqueceram-se de levar em conta as consequências secundárias, esqueceram-se de considerar qual seria seu efeito no longo prazo em todos os grupos.

Em resumo, no que concerne aos políticos, a lição que este livro tentou instilar há mais de trinta anos não parece ter sido aprendida em parte alguma.

Se examinarmos os capítulos deste livro um após outro, não descobriremos praticamente forma alguma de intervenção governamental desaprovada na primeira edição que não esteja ainda sendo adotada, normalmente com obstinação reforçada. Em todas as partes, os governos estão ainda tentando remediar com obras públicas o desemprego causado por suas próprias políticas. Estão impondo tributações mais pesadas e mais expropriadoras que nunca. Recomendam, ainda, expansão de crédito. A maioria deles ainda considera "pleno emprego" sua meta principal. Continua a impor quotas de importação e tarifas protecionistas. Tentam aumentar as exportações desvalorizando ainda mais sua moeda. Agricultores estão ainda "fazendo greve" por "preços de paridade". Os governos ainda fornecem incentivos especiais para indústrias sem rentabilidade. Ainda se esforçam para "estabilizar" preços de produtos especiais.

Os governos, forçando a alta de preços dos produtos, inflacionando sua moeda, continuam a responsabilizar os produtores, comerciantes e "especuladores" particulares pelos preços mais altos. Impõem tetos de preços para o petróleo e o gás natural a fim de desestimular nova exploração, exatamente quando ela mais necessita ser incentivada, ou recorrem ao tabelamento ou "controle" dos preços e salários em geral. Persistem no controle de aluguel, apesar da evidente devastação que ele já causou. Não apenas mantêm as leis do salário mínimo, como continuam aumentando seus níveis, apesar do crônico desemprego que tão evidentemente provocam. Continuam a decretar leis que concedem privilégios especiais e imunidades aos sindicatos de trabalhadores; a obrigar os trabalhadores a se filiarem; a tolerar os piquetes de grevistas e outras formas de coerção; e a compelir os patrões a "negociarem coletivamente com boa-fé" com esses sindicatos, ou seja, a fazer pelo menos algumas concessões a suas exigências. A intenção de todas estas medidas é "ajudar o trabalhador". No entanto, o resultado, uma vez mais, é criar e prolongar o desemprego e baixar os pagamentos totais de salários, em comparação com o que podiam ter sido.

A maioria dos políticos continua a ignorar a necessidade de lucros, a superestimar o montante líquido total ou médio, a denunciar lucros extraordinários em alguma parte, a tributá-los excessivamente e, às vezes, continuam até mesmo a lamentar a própria existência de lucros.

A mentalidade anticapitalista parece mais profundamente incrustada do que nunca. Sempre que há qualquer redução no ritmo dos negócios, agora os políticos veem como causa principal o "gasto insuficiente do consumidor". Ao mesmo tempo em que estimulam maior gasto pelo consumidor, aumentam cada vez mais as dificuldades e penalidades para economizar e investir. Hoje, seu principal método para fazer isso, conforme já vimos, é principiar a inflação, ou acelerá-la. O resultado é que hoje, pela primeira vez na história, nenhuma nação tem sua moeda lastreada por nenhum metal, e praticamente todas as nações estão iludindo seu próprio povo com emissões de papel-moeda cronicamente desvalorizado.

Para arescentar mais um item aos mencionados, examinemos a recente tendência, não apenas nos Estados Unidos, como também no exterior, de que quase todo programa "social", uma vez lançado, perde completamente seu controle. Já vimos por alto o quadro geral, mas vamos agora examinar com mais atenção um exemplo importante: o seguro social nos Estados Unidos.

A lei federal original do seguro social foi aprovada em 1935. A teoria que a fundamentou é a de que a maior parte dos problemas de assistência social era que as pessoas não economizavam nos anos de trabalho; assim, quando ficavam muito velhas para trabalhar, encontravam-se sem recursos. Pensou-se que tal problema poderia ser resolvido se as pessoas fossem obrigadas a assegurar-se, com os patrões também forçados a contribuir com a metade do prêmio de seguro necessário, de modo que as pessoas tivessem uma pensão suficiente para se aposentar com 65 anos ou mais. O seguro social devia ser integralmente um plano autofinanciado com base em princípios estritamente atuariais. Devia ser estabelecido um fundo de reserva suficiente para atender às futuras reivindicações e pagamentos quando os prazos fossem vencidos.

Mas isso nunca funcionou dessa maneira. O fundo de reserva existia apenas no papel. O governo gastava as receitas dos impostos do seguro social quando entravam, quer para atender a suas despesas normais, quer para pagar benefícios. Desde 1975, os pagamentos de benefícios vigentes passaram a exceder as receitas dos impostos do sistema.

Verificou-se também que, em praticamente todas as sessões, o Congresso encontrava meios de aumentar os benefícios pagos, de ampliar a cobertura, e de acrescentar novas formas de "seguro social". Como um comentarista indicou em 1965, algumas semanas após o seguro de assistência médica a idosos e deficientes ter sido acrescentado: "Os aliciamentos do seguro social aumentaram em cada um dos últimos sete anos de eleição geral".

À medida que a inflação se desenvolvia e progredia, os benefícios do seguro social aumentaram não apenas na mesma proporção, como também muito mais. O jogo político típico era aumentar os benefícios no presente e empurrar os custos para o futuro. Contudo, esse futuro sempre chegava; e, alguns anos depois, o Congresso teria novamente de aumentar os impostos sobre as folhas de pagamento arrecadados de ambos, trabalhadores e patrões.

Não apenas os índices dos tributos eram continuamente aumentados, mas também havia uma constante elevação no total do salário taxado. No projeto de lei original de 1935, o salário tributado era apenas de US$3.000. As taxas de impostos mais antigas eram muito baixas. Mas entre 1965 e 1977, por exemplo, o imposto de seguro social disparou de 4,4% nos primeiros US$6.600 de renda ganha (arrecadado igualmente do empregado e patrão) para um total de 11,7% nos primeiros US$16.500. (Entre 1960 e 1977, o imposto total anual aumentou 572%, ou cerca de 12% por ano completo. Ele está programado para subir muito mais).

No início de 1977, as obrigações sem fundo do sistema de seguro social estavam oficialmente estimadas em US$4,1 *trilhões*. Hoje, ninguém sabe dizer se o seguro social é realmente um programa de seguro, ou apenas um sistema de assistência social complicado e assimétrico. Quase todos os que recebem benefícios atuais estão sendo convencidos de que "fizeram por merecer" e "pagaram por" seus benefícios. Contudo, nenhuma companhia de seguro particular poderia ter arcado com os pagamentos das escalas de benefícios existentes com os "prêmios" realmente recebidos. Desde o início de 1978, quando os trabalhadores de salários baixos se aposentam, seus benefícios mensais geralmente representam cerca de 60% do que recebiam na ativa. Trabalhadores de renda média recebem cerca de 45%. Para aqueles com salários excepcionalmente altos, a porcentagem pode cair até 5 ou 10%. Entretanto, se o seguro social é considerado um sistema de assistência social, é muito estranho, pois aqueles que já ganhavam os salários mais altos recebem os pagamentos de benefícios mais altos.

Contudo, o seguro social é ainda hoje sacrossanto. É considerado suicídio político para qualquer congressista sugerir reduzir ou cortar não apenas os benefícios atuais, como também os prometidos para o futuro. O sistema de seguro social americano deve permanecer hoje como um símbolo assustador da tendência quase inevitável de qualquer esquema nacional de assistência social, redistribuição ou "seguro", de que, uma vez estabelecido, escape completamente ao controle.

Em resumo, o principal problema que enfrentamos hoje não é econômico, mas político. Bons economistas estão inteiramente de acordo a respeito do que deve ser feito. Praticamente todas as tentativas governamentais de redistribuir riqueza e renda tendem a reprimir os incentivos de produção e a levar ao empobrecimento geral. Cabe à própria esfera de governo criar e fazer cumprir uma estrutura de lei que proíba a força e a fraude. Todavia, deve abster-se de fazer intervenções econômicas específicas. A principal função econômica do governo é estimular e preservar um livre mercado. Quando Alexandre III da Macedônia (356-323 a. C.) *o Grande* visitou Diógenes (404-323 a. C.) e perguntou-lhe se podia fazer alguma coisa por ele, diz-se que o filósofo respondeu: "Sim, fique um pouco menos entre mim e o sol". É o que todo cidadão tem o direito de pedir a seu governo.

A perspectiva é sombria, mas não inteiramente sem esperança. Aqui e ali, pode-se observar uma abertura entre as nuvens. Cada vez mais as pessoas estão compreendendo que o governo nada tem para dar-lhes, sem primeiro tirar isso de alguém, ou delas próprias. Mais benefícios para grupos selecionados significam apenas impostos maiores, ou déficits maiores e mais inflação. E a inflação, no fim das contas, atrapalha e desorganiza a produção. Até mesmo alguns políticos estão começando a reconhecer tal fato, e alguns deles estão inclusive dizendo isso claramente.

Além disso, há acentuados sinais de uma mudança nos ventos intelectuais da doutrina. Keynesianos e defensores do *New Deal* parecem estar em uma lenta retirada. Conservadores, libertaristas e outros defensores da livre-iniciativa estão se tornando mais francos e mais articulados. E há muito mais deles. Entre os jovens, há um rápido crescimento de uma escola disciplinada de economistas "austríacos". Há uma promessa real de que a política pública pode ser revertida antes que os danos provenientes de medidas e tendências existentes se tornem irreparáveis

Apêndice

Uma Nota Sobre livros

Aqueles que desejarem aprofundar-se em economia devem ler em seguida alguma obra de extensão e dificuldade intermediárias. Atualmente, não conheço nenhum volume impresso que atenda a esse objetivo, mas há vários que, reunidos, o fazem. Há um excelente e curto livro (126 páginas) de Faustino Ballvé (1887-1958), *Essentials of Economics* (Irvington-on-Hudson: Foundation for Economic Education), que apresenta resumidamente princípios e políticas. Um livro que expõe as mesmas coisas mais extensamente (327 páginas) é *Understanding the Dollar Crisis*, de Percy L. Greaves (1906-1984) (Belmont: Western Islands, 1973). Bettina Bien-Greaves (1917-2018) reuniu dois volumes de leituras em *Free Market Economics* (Foundation for Economic Education).

O leitor que desejar uma perfeita compreensão e que se sinta preparado para adquiri-la deve ler em seguida *Ação Humana*, de Ludwig von Mises (Chicago: Contemporary Books, 1949, 1966, de 907 páginas). Neste livro, a unidade e a precisão lógicas de economia ultrapassam a exposição de todos os trabalhos anteriores. Treze anos depois de *Ação Humana*, um aluno de Mises, Murray N. Rothbard (1926-1995), escreveu um trabalho em dois volumes: *Man, Economy and State* (Mission: Sheed, Andrews and McMeel, 1962, de 987 páginas). Essa obra contém bastante material original e penetrante, sua exposição é admiravelmente lúcida, e sua organização o torna, em alguns aspectos, mais apropriado para uso como livro-texto do que a grande obra de Mises.

São obras curtas que tratam de assuntos econômicos de modo simples *Planning for Freedom*, de Ludwig von Mises (South Holland: Libertarian Press, 1952); e *Capitalismo e Liberdade*, de Milton Friedman (1912-2006) (Chicago: University of Chicago Press, 1962). Há também um excelente livreto de Murray N. Rothbard, *O Que o Governo Fez com o Nosso dinheiro?*[35] (Santa Ana: Rampart College, 1964, 1974, de 62 páginas). Sobre o assunto urgente da inflação, foi publicado um livro pelo presente autor, *The Inflation Crisis, and How to Resolve it* (New Rochelle: Arlington House, 1978).

Entre os trabalhos que tratam de ideologias e desenvolvimentos atuais de um ponto de vista similar ao deste volume estão *The Failure of the "New Economics": An Analysis of the Keynesian Fallacies* (Arlington House, 1959), do presente autor; F. A. Hayek (1899-1992), *The Road to Serfdom*[36] (1945); e o monumental *Constitution of Liberty*[37] (Chicago: University of Chicago Press, 1960). *Socialism: An Economic and Sociological Analysis* (Londres: Jonathan Cape, 1936, 1969), de Ludwig von Mises, é a crítica mais completa e devastadora da doutrina coletivista já escrita. O leitor não deve se esquecer, naturalmente, de *Economic Sophisms* (*circa* 1844), de Frédéric Bastiat, e principalmente de seu ensaio "What is Seen and What is Not Seen".

---

[35] ROTHBARD, Murray N. *O que o Governo Fez com o Nosso Dinheiro?* São Paulo: Instituto Ludwig von Mises Brasil, 2013.
[36] HAYEK, F. A. *O Caminho da Servidão*. São Paulo: Instituto Ludwig von Mises Brasil, 2010.
[37] HAYEK, F. A. *Os Fundamentos da Liberdade*. São Paulo/Brasília: Visão / Editora da Universidade de Brasília, 1983.

Aqueles que estiverem interessados em examinar os clássicos da economia podem obter melhor resultado seguindo o inverso de sua ordem histórica. Apresentados nessa ordem, com as respectivas datas das primeiras edições, encontram-se os trabalhos principais a serem consultados: Philip Wicksteed, *The Common Sense of Political Economy*, 1911; John Bates Clark (1847-1938), *The Distribution of Wealth*, 1899; Eugen von Böhm-Bawerk (1851-1914), *The Positive Theory of Capital*, 1888; Carl Menger (1840-1921), *Principles of Economics*, 1871; W. Stanley Jevons (1835-1882), *The Theory of Political Economy*, 1871; John Stuart Mill, *Principles of Political Economy*, 1948; David Ricardo (1772-1823), *Principles of Political Economy and Taxation*, 1817; e Adam Smith, *A Riqueza das Nações*, 1776.

A economia desdobra-se em uma centena de direções. Bibliotecas inteiras foram escritas somente em campos especializados, como dinheiro e operações bancárias, comércio externo e câmbio exterior, tributação e finanças públicos, controle governamental, capitalismo e socialismo, relação entre salários e trabalho, juros e capital, economia agrícola, aluguel, preços, lucros, mercados, concorrência e monopólio, valor e utilidade, estatística, ciclos de negócios, riqueza e pobreza, seguro social, moradia, serviços de utilidade pública, economia matemática e estudos de indústrias especiais e de histórico econômico. No entanto, jamais alguém conseguirá compreender corretamente quaisquer destes campos especializados sem que antes adquira um sólido conhecimento dos princípios econômicos básicos, e do complexo inter-relacionamento de todos os fatores e forças econômicas. Quando tiver conseguido isso pela leitura sobre economia em geral, será capaz de encontrar os livros certos em seu campo específico de interesse.

Índice Remissivo e Onomástico

A

Ação Humana, de Ludwig von Mises, 277
Aço de Bessemer, 72
Alemanha, 40, 98, 185, 264, 267
Alemanha Ocidental, 40
Alexandre, o Grande (356-323 a. C.), 273
América Latina, 267-68
Arkwright, *sir* Richard (1732-1792), 71
Automação, 74, 79

B

Ballvé, Faustino (1887-1958), 277
Banco Central do Chile, 245
Bastiat, Claude Frédéric (1801-1850), 8, 21, 35, 233, 278, 283
Berlim, 72
Bien-Greaves, Bettina (1917-2018), 277
Böhm-Bawerk, Eugen von (1851-1914), 279
Burocratas, burocracia, 52, 63, 93, 95-96, 131, 146, 150-51, 155, 164, 166, 214

C

Cadillac, 202
Canadá, 109
Capitalismo e Liberdade, de Milton Friedman, 278
Ce qu'on voit et ce qu'on ne voit pas (O Que Se Vê e o Que Não Se Vê), de Frédéric Bastiat, 21
Chevrolet, 125
Chicago, 76
China, 97, 99, 134
Citybank of New York, 267
Clark, John Bates (1847-1938), 279
Cohen, Morris Raphael (1880-1947), 20
Comissão da Procuradoria-geral sobre Procedimentos Administrativos, 86
Common Sense of Political Economy (O Senso Comum da Política Econômica), de Philip Wicksteed, 21, 279
Congresso dos Estados Unidos, 57-58, 98, 103, 127, 133-34, 148, 181, 212, 265, 271
Conselho Nacional de Ajuste das Ferrovias, 86
Constitution of Liberty, de F. A. Hayek, 278
Controle de custos, 160
Controle (governamental) em escala internacional, 152

Crise de 1929, 124
Custo da mão de obra, 52, 167, 190, 206

D
Departamento de Estado dos Estados Unidos da América, 103
Departamento de Estatística de Berlim, 72
Departamento de Estatística Laboral, 199
Departamento de Justiça dos Estados Unidos da América, 73
Depressão de 1932, 72
Desemprego, 45, 55, 69-70, 72, 74, 76, 81, 83, 87-88, 90, 93, 97-98, 103, 111-12, 166, 178-81, 187, 191-92, 195, 204-06, 208, 227, 264-66, 268-69
Diógenes de Sinope (c. 412-323 a. C.), 273
Distribution of Wealth, The, de John Bates Clark, 279
Divisão de Carvão Betuminoso, 134
Douglas, Clifford Hugh (1879-1952), 21
Douglas, Paul Howard (1892-1976), 205
Dr. Jekyll e Mr. Hyde, personagens de Robert Louis Stevenson, 168

E
Easton, 47
Economia de mercado competitiva, 152
Economic Sophisms, de Frédéric Bastiat, 278
Edwards, Corwin (1901-1979), 73-74

Essentials of Economics, de Faustino Ballvé, 277
Estado de Bem-estar Social, 174, 266
Estado de Redistribuição, 265
Estados Unidos da América, 38, 73, 80, 99, 104-05, 107, 109-10, 116, 119-21, 125-26, 129-30, 133-34, 160, 181, 185, 205, 207, 212-13, 238, 248, 263, 270
Europa, 37, 39-40, 164
Excedente de produção, 154, 263-64

F
Fábula da raposa, de Esopo, 264
Failure of the "New Economics", The: An Analysis of the Keynesian Fallacies, de Henry Hazlitt, 278
Federalista, O, de Alexander Hamilton, John Jay e James Madison, 164
Felkin, Robert William (1795-1874), 70
Ford Motor Company, 202
França, 40, 171
Free Market Economics, de Bettina Bien-Greaves, 277
Friedman, Milton (1912-2006), 9, 278
Fruto do Mar Morto, 225

G
Gabinete de Administração de Preços dos Estados Unidos, 160
General Motors, 212
Grã-Bretanha, 116, 266
Greaves, Percy L. (1906-1984), 277

H

Hamilton, Alexander (1755-1804), 164
Hansen, Alvin Harvey (1887-1975), 21
Hazlitt, Henry (1894-1993), 8-9, 11, 18
Hayek, Friedrich August von (1899-1992), 9, 278
History of the Machine-Wrought Hosiery Manufactures, de William Felkin, 70
Hitler, Adolf (1889-1945), 98
Homem, Economia e Estado, de Murray N. Rothbard, 277
Homem Esquecido, de William Graham Summer, 253-54
Home Owners Loan Corporation, 66
Houston, 73

I

Índia, 38, 98
Indústrias do carvão e da prata, 133
Inflation Crisis, and How to Resolve it, The, de Henry Hazlitt, 278
Inglaterra, 71-72, 104-05, 109, 116, 185, 205
Intervenção governamental, 128, 146, 153, 263, 268

J

Japão, 264
Jevons, William Stanley (1835-1882), 279

K

Keynes, John Maynard (1883-1946), 21-22, 264
Knight, Frank Hyneman (1885-1972), 15

L

Lei da oferta e da procura, 148
Lei de Ajuste de Agricultura (*Agricultural Adjustment Act*, ou AAA), 129
Lei Federal sobre o salário-hora, 87
Lei Guffey, 134
Leis do salário mínimo, 177, 269
Lei Wagner-Taft-Hartley, 192-93
Livre mercado, 158, 273

M

Marinha Mercante britânica, 71
Marx, Karl (1818-1883), 21
Menger, Carl (1840-1921), 279
Mentalidade anticapitalista, 270
Mercado externo, 151
Mercado negro, 163-65
Mill, John Stuart (1806-1873), 41, 120, 279
Mises, Ludwig Heinrich Edler von (1881-1923), 9, 21, 23, 277-78

N

New Deal, 66, 124, 273
New York Times, The, 23, 127
Nova York (estado), 73

O

"Os Tecnocratas", 72-73

P

Padrão-ouro, 116-17, 225
"Paridade" de preços, 123-25, 127-31, 135, 253, 269
Pigou, Arthur Cecil (1877-1959), 205
Pitágoras (c. 570-c. 495 a. C.), 50
Planning for Freedom, de Ludwig von Mises, 278
Planos de restrição ao cultivo, 127

Poder de compra, 245
Política de pleno emprego, 81, 97-99, 127, 209, 220, 226, 269
Política de restrição e de empréstimos, 151
Política do *Laissez-faire*, 31, 135
Positive Theory of Capital, The, de Eugen von Böhm-Bawerk, 279
Prêmio Nobel de Economia, 74
Principles of Economics, de Carl Menger, 279
Principles of Political Economy, de John Stuart Mill, 279
Principles of Political Economy and Taxation, de David Ricardo, 279
Produção artificialmente limitada, 153

Q
Que o Governo Fez com o Nosso dinheiro, O?, de Murray N. Rothbard, 278
Queima do café no Brasil, 129

R
Racionamento, 157, 160-61, 163-64
Recent Economic Changes, de David A. Wells, 71
Reconstruction Finance Corporation, 66
Redução das horas de trabalho, 197
Redução nos salários, 190
Relação entre salários e trabalho, 279
Represa de Norris, 51
Restrições, 73, 128, 152-54
Revolução Industrial, 70, 75, 81-82

Ricardo, David (1772-1823), 279
Riqueza das Nações, A, de Adam Smith, 69, 101, 279
Road to Serfdom, The, de F. A. Hayek, 278
Rodbertus, Johann Karl (1805-1875), 234
Rothbard, Murray Newton (1926-1995), 277-78

S
Santa Joana, de Bernard Shaw, 50
Santayana, George (1863-1952), 73, 251
Segunda Guerra Mundial, 37, 40, 98, 160, 164, 171, 173, 213
Seguro-desemprego, 181, 192, 265-66
Shaw, George Bernard (1856-1950), 50
Sindicatos:
 Dos bombeiros hidráulicos, 73
 Dos caminhoneiros, 73
 Dos eletricistas de Nova York, 73-74
 Dos ferroviários, 194
 Dos músicos, 74
 Trabalhistas, 10, 37, 73-74, 85-89, 98, 181, 185-99, 202-03, 217, 227, 265, 269
Smith, Adam (1723-1790), 69-70, 101-02, 218, 230, 252, 279
Socialism: An Economic and Sociological Analysis, de Ludwig von Mises, 278
Stigler, George Joseph (1911-1991), 15
Subsídios, 49, 66-67, 119, 127, 130-31, 160, 162-63, 168, 173-74, 251, 265-66
Sumner, William Graham (1840-1910), 253

T

Tabelamento de preços, 17, 151, 157-58, 160-61, 163, 166, 168, 171, 214, 221, 269

Tabelamento universal, 160, 162

Temporary National Economic Commitee (Comissão Econômica Nacional Temporária, ou TNEC), 73, 212

Tennessee Valley Authority (TVA), 50

Tesouro britânico, 245

Tesouro dos Estados Unidos da América, 134

Teoria geral do emprego, do juro e da moeda, de John Maynard Keynes, 264

Theory of Political Economy, The, de W. Stanley Jevons, 279

Texas, 73

Tributação, 40, 46, 49, 53, 113, 119, 229-31, 279

U

Understanding the Dollar Crisis, de Percy L. Greaves, 277

Utilidade pública, 135, 279

V

Veblen, Thorstein Bunde (1857-1929), 21

Vitória de Pirro, 195

W

Washington, 95

Wells, David Ames (1828-1898), 71-72

Weston, 47

"What is Seen and What is Not Seen", ensaio de Frédéric Bastiat, 278

Wheeler, Dan H., 134

Wicksteed, Philip Henry (1844-1927), 21, 279

Works Progress Administration (Administração do Progresso

Acompanhe a LVM Editora nas redes sociais

https://www.facebook.com/LVMeditora/

https://www.instagram.com/lvmeditora/

Esta obra foi composta pela BR75
na família tipográfica Sabon e impressa
pela Gráfica Viena para a LVM em janeiro de 2025